D1718878

Konzepte. Ansätze der Medien- und
Kommunikationswissenschaft

herausgegeben von
Prof. Dr. Patrick Rössler und
Prof. Dr. Hans-Bernd Brosius

Band 5

Christoph Klimmt | Magdalena Rosset

Das Elaboration-
Likelihood-Modell

2., überarbeitete Auflage

Nomos

Die Deutsche Nationalbibliothek verzeichnet diese Publikation in der Deutschen Nationalbibliografie; detaillierte bibliografische Daten sind im Internet über http://dnb.d-nb.de abrufbar.

ISBN 978-3-8487-6031-2 (Print)
ISBN 978-3-7489-0151-8 (ePDF)

Onlineversion
Nomos eLibrary

2. Auflage 2020
© Nomos Verlagsgesellschaft, Baden-Baden 2020. Gedruckt in Deutschland. Alle Rechte, auch die des Nachdrucks von Auszügen, der fotomechanischen Wiedergabe und der Übersetzung, vorbehalten. Gedruckt auf alterungsbeständigem Papier.

Vorwort der Reihenherausgeber

Etliche Jahre schien das Fehlen von Lehrbüchern auch die akademische Emanzipation der Kommunikationswissenschaft zu behindern. Doch in jüngerer Zeit hat der fachkundige Leser die Auswahl aus einer Fülle von Angeboten, die nur noch schwierig zu überblicken sind. Wie lässt es sich dann rechtfertigen, nicht nur noch ein weiteres Lehrbuch, sondern gleich eine ganze Lehrbuchreihe zu konzipieren?

Wir sehen immer noch eine Lücke zwischen den großen Überblickswerken auf der einen Seite, die eine Einführung in das Fach in seiner ganzen Breite versprechen oder eine ganze Subdisziplin wie etwa die Medienwirkungsforschung abhandeln – und andererseits den Einträgen in Handbüchern und Lexika, die oft sehr spezifische Stichworte beschreiben, ohne Raum für die erforderliche Kontextualisierung zu besitzen. Dazwischen fehlen allerdings (und zwar vor allem im Bereich der Mediennutzungs- und Medienwirkungsforschung) monographische Abhandlungen über zentrale KONZEPTE, die häufig mit dem Begriff der „Theorien mittlerer Reichweite" umschrieben werden.

Diese KONZEPTE gehören zum theoretischen Kerninventar unseres Fachs, sie bilden die Grundlage für empirische Forschung und akademisches Interesse gleichermaßen. Unsere Lehrbuchreihe will also nicht nur Wissenschaftlern einen soliden und gleichzeitig weiterführenden Überblick zu einem Forschungsfeld bieten, der deutlich über einen zusammenfassenden Aufsatz hinausgeht: Die Bände sollen genauso Studierenden einen fundierten Einstieg liefern, die sich für Referate, Hausarbeiten oder Abschlussarbeiten mit einem dieser KONZEPTE befassen. Wir betrachten unsere Lehrbuchreihe deswegen auch als eine Reaktion auf die Vorwürfe, mit der Umstellung auf die Bachelor- und Masterstudiengänge würde Ausbildung nur noch auf Schmalspurniveau betrieben.

Die Bände der Reihe KONZEPTE widmen sich deswegen intensiv jeweils einem einzelnen Ansatz der Mediennutzungs- und Wirkungsforschung. Einem einheitlichen Aufbau folgend sollen sie die historische Entwicklung skizzieren, grundlegende Definitionen liefern, theoretische Differenzierungen vornehmen, die Logik einschlägiger Forschungsmethoden erläutern und empirische Befunde zusammenstellen. Darüber hinaus greifen sie aber auch Kontroversen und Weiterentwicklungen auf, und sie stellen die Beziehungen zu theoretisch verwandten KONZEPTEN her. Ihre Gestaltung und ihr Aufbau enthält didaktische Elemente in Form von Kernsätzen, Anekdoten oder Definitionen – ebenso wie Kurzbiografien der Schlüsselautoren und kommentierte Literaturempfehlungen. Sie haben ein Format, das es in der Publikationslandschaft leider viel zu selten gibt: ausführlicher als ein Zeitschriften- oder Buchbeitrag, kompakter als dickleibige Forschungsberichte, und konziser als thematische Sammelbände.

Die Reihe KONZEPTE folgt einem Editionsplan, der gegenwärtig 25 Bände vorsieht, die in den nächsten Jahren sukzessive erscheinen werden. Als Autoren zeichnen fachlich bereits ausgewiesene, aber noch jüngere Kolleginnen und Kollegen, die einen frischen Blick auf die einzelnen KONZEPTE versprechen und sich durch ein solches Kompendium auch als akademisch Lehrende qualifizieren. Für Anregungen und Kritik wenden Sie sich gerne an die Herausgeber unter

patrick.roessler@uni-erfurt.de   brosius@ifkw.lmu.de

Inhaltsverzeichnis

1. Einführung

Ihre Einstellungen sind ein begehrtes Gut. Wenn Sie Ihren gestrigen Tag Revue passieren lassen, werden Ihnen viele Begebenheiten einfallen, bei denen Sie nach einer Einstellung gefragt wurden und eine Ihrer Einstellungen wichtig war oder bei denen jemand versucht hat, Ihre Einstellung zu beeinflussen. Politikerinnen und Politiker beispielsweise verwenden sehr viel Zeit darauf, die Einstellungen ihrer Wählerinnen und Wähler sowie ihrer Nicht-Wählerinnen und Nicht-Wähler – auch Ihre Einstellungen – in ihrem Sinne zu beeinflussen. Dazu stellen sie sich in Diskussionsrunden im Fernsehen dar, geben Interviews in Zeitungen oder lächeln Sie einfach von Wahlplakaten an.

Unternehmen – vom Tante-Emma-Laden bis zum Großkonzern – verwenden sehr viel Geld darauf, Ihre Einstellungen in ihrem Sinne zu beeinflussen. Versuchen Sie doch einmal, Ihre Kontakte mit Unternehmenswerbung am gestrigen Tag aufzulisten. Fernsehspots, Zeitungsanzeigen, „Banner"-Werbung im Internet, Trikotwerbung beim Fußballspiel, Slogans auf Taxis, „Direct Mail" in Ihrem Briefkasten, Logos auf Ihrem Kaffeebecher zum Mitnehmen – die Liste ließe sich fortsetzen. Vergessen Sie dabei nicht die Versuche von Unternehmen, Ihre Einstellungen zu beeinflussen, ohne dass Sie es bemerken. Product-Placement, also die Platzierung von Markennamen oder Produkten in Filmen und anderen Medienangeboten, ist so eine Technik, Ihre Einstellungen im Verborgenen zu beeinflussen. Wenn Sie im Internet eine allzu begeisterte „Kundenrezension" für ein Produkt lesen, mag deren Verfasserin oder Verfasser unter Umständen Ihre Einstellung zum Produkt beeinflussen wollen, weil der Hersteller ihn dafür bezahlt hat.

Werbung und Wahl-Werbung sind sicherlich die mit Blick auf die Medien wichtigsten Arten, um Ihre Einstellungen zu beeinflussen. Es gibt aber noch andere Umfelder für solche Persuasionsversuche (Persuasion bedeutet ‚Überzeugen' oder auch ‚Überreden', vgl. dazu genauer unten: 2.2). Als Sie ein Teenager waren, haben Ihre Eltern vermutlich sehr viel Energie darauf verwendet, Ihre Einstellungen zu verschiedenen Fragen zu beeinflussen, etwa wie Sie die Schule finden (sollen), wie Sie sich auf dem Partnerschaftsmarkt verhalten (sollten), welche Berufe Sie wie gut finden (sollen). In der Schule haben Ihre Lehrerinnen und Lehrer geradezu täglich auf Ihre Einstellungen eingewirkt, etwa auf Ihre Einstellung zum politischen Extremismus, Ihre Einstellung zu sich selbst (Ihr Selbstwertgefühl) oder auch Ihre Einstellung zu einem Außenseiter im Klassenverband.

Warum werden wir alle ständig mit Versuchen konfrontiert, unsere Einstellungen zu beeinflussen? Weil in vielen Fällen die Beobachtung zutrifft, dass unsere Einstellungen unser *Verhalten* bestimmen. Und unser Verhalten ist für die Akteure, die unsere Einstellungen beeinflussen wollen, die eigentliche Zielgröße. Wir sollen bestimmte Politikerinnen oder Politiker wählen wollen (und nicht andere), wir sollen bestimmte Produkte kaufen wollen (und nicht andere), wir sollen uns beim Lernen anstrengen (und nicht versagen), wir sollen uns einen Partner oder eine Partnerin aus gut situierten Verhältnissen suchen (und nicht einen hoffnungslosen Fall, der uns und unsere Eltern blamieren könnte), und wir sollen bestimmte Berufe ergreifen (und nicht andere). In Wahrheit ist also eigentlich unser Verhalten das begehrte Gut. Weil wir aber in einem freien Land leben und wir nur zu sehr wenigen Verhaltensweisen gezwungen werden können, bleibt den Akteuren, die uns zu einem bestimmten Verhalten bewegen wollen, meistens nur der Ausweg, unsere Einstellungen ‚günstig‘ zu beeinflussen und zu hoffen, dass die vielfach beobachtete Wirkung von Einstellungen auf Verhalten auch in ihrem jeweiligen Kontext auftritt. In der Reihe „Konzepte. Ansätze der Medien- und Kommunikationswissenschaft" erscheint übrigens auch ein Band, der den Zusammenhang zwischen Einstellungen und Verhalten beleuchtet, und zwar im Rahmen der „Theory of Planned Behavior" von Fishbein und Ajzen (vgl. Rossmann, 2011).

Weil es so viele gesellschaftliche und persönliche Bereiche gibt, in denen unsere Einstellungen von Interesse sind und in denen Einstellungen beeinflusst werden sollen, interessiert sich auch die Wissenschaft schon sehr lange für die Regeln und Mechanismen, die die Entstehung und Änderung unserer Einstellungen beschreiben und erklären. Das häufige Vorkommen von Persuasionsversuchen – in der politischen Kommunikation, in der Werbung, in der Familie, in der Schule und so weiter – ist wissenschaftssprachlich ausgedrückt die Relevanzbegründung für die Erforschung der Erscheinungsformen, Bedingungen und Folgen von Persuasion. Diese Relevanzbegründung hat zwei Seiten: Eine grundlagenwissenschaftliche Seite beruht auf der Argumentation, dass die versuchte Einflussnahme auf Einstellungen ein bedeutendes, häufig praktiziertes Phänomen moderner (und auch früherer) Gesellschaften und Individuen darstellt. Es muss daher aus einem grundsätzlichen wissenschaftlichen Interesse heraus beschrieben und erklärt werden. Die Psychologie betrachtet Persuasion als grundlagenwissenschaftlich relevanten Forschungsgegenstand, weil sie viel mit der menschlichen Seele und ihren Funktionsweisen zu tun hat. Die Kommunikationswissenschaft hat ein Grundlageninteresse an Persuasion, weil sehr viele Inhalte der Medien und der persönlichen Kommunikation persuasiv sind und es die Aufgabe des Faches ist, diese häufig auftretenden Kommunikationsphänomene zu studieren. Daneben gibt es aber auch eine anwendungswissenschaftliche Seite der Relevanzbegründung: Weil viele Akteure – Parteien, Unternehmen, Eltern, Schulen, um die obigen Beispiele aufzugreifen, aber auch Verbände, Behörden, Universitäten, und viele andere – ein Interesse daran haben, die Einstellungen ihrer Bezugspersonen erfolgreich zu beeinflussen, existiert eine große Nachfrage nach wissenschaftlichen Erkenntnissen zur Persuasion. Viele Studien der Persuasionsforschung finden daher auch außerhalb universitärer Einrichtungen statt: Werbeagenturen verwenden beispielsweise viel Energie und Geld darauf, jene Versuche der Einstellungsbeeinflussung zu untersuchen, die sie für ihre Klienten (die „Werbetreibenden") planen und umsetzen.

Dieses Buch bietet Ihnen eine Einführung in die moderne Persuasionsforschung. Als Teil der Reihe „Konzepte. Ansätze der Medien- und Kommunikationswissenschaft" konzentriert es sich auf ein zentrales Modell in diesem Themengebiet. Auf breiter aufgestellte Lehrbücher der Persuasionsforschung wird an geeigneter Stelle verwiesen. Das vorliegende Buch setzt einen Akzent auf die Bedingungen, Erscheinungsformen und Folgen von Persuasion, die in den Massenmedien (sowie in der medienvermittelten persönlichen Kommunikation) auftreten. Die ‚Brille' dieses Einführungsbuchs ist also eine kommunikationswissenschaftliche. Der Band beschränkt sich auf die Vorstellung eines zentralen Konzepts der modernen Persuasionsforschung, das seit Mitte der 1980er-Jahre gewissermaßen den „Gold-Standard" sowohl in der Grundlagen- als auch der Anwendungswissenschaft darstellt: das Elaboration-Likelihood-Modell (kurz: ELM) von Richard E. Petty und John T. Cacioppo.

Nutzen dieses Buchs

Die Kenntnis dieses Konzepts verschafft Ihnen also keinen vollständigen Überblick der vielfältigen und umfangreichen Persuasionsforschung. Aber Sie erschließen sich damit ein Schlüsselkonzept in diesem Bereich, so dass Sie für viele Aufgaben in Studium und Beruf, die etwas mit Einstellungen und Einstellungsänderung zu tun haben, gut vorbereitet sind. Wenn Sie sich beispielsweise für Werbewirkungsforschung interessieren und Ihre akademische Abschlussarbeit in diesem Bereich verfassen möchten, benötigen Sie Expertise über das ELM. Wenn Sie ein Praktikum in der Zentrale einer Partei absolvieren und an der Außendarstellung von Politikerinnen und Politikern mitwirken sollen, wird Ihnen das Verständnis des ELM hilfreich sein. Weil

Persuasionsversuche so häufig sind und weil auch Sie in Situationen kommen, in denen Sie die Einstellungen anderer beeinflussen wollen oder müssen, ist die Kenntnis des ELM auch jenseits der akademisch-theoretischen Ausbildung und Forschung wichtig.

Jedoch sollten Sie dieses Einführungsbuch nicht als Leitfaden für die erfolgreiche Beeinflussung Ihrer Mitmenschen missverstehen. Das ELM ist ein komplexes grundlagenwissenschaftliches Modell, das keine immer funktionierenden „Handwerkertipps" für das Erreichen von Macht und Einfluss enthält. Es ist vielmehr eine in empirischen Studien gut bestätigte Zusammenschau derjenigen Faktoren und Prozesse, die wichtig für das Zustandekommen, die Beibehaltung, Verstärkung oder eben auch Änderung menschlicher Einstellungen sind. Ihnen ein wissenschaftliches Verständnis dieses Modells und seiner Anwendungsperspektiven zu vermitteln, ist das Anliegen dieses Buches.

Gliederung des Bandes

In den folgenden Abschnitten lernen Sie zunächst die Grundzüge des ELM kennen (Abschnitt 2). Nach einem Einblick in die Entstehungsgeschichte des Modells (Abschnitt 3) folgt eine kurze Einführung in die Methodik des psychologischen Experimentierens, die für die empirische ELM-Forschung von großer Bedeutung ist (Abschnitt 4). Weil das ELM in der Sozialpsychologie entstanden ist, sind seine Annahmen universal und nicht auf medienbasierte Persuasionsphänomene beschränkt. Diese wiederum sind aber für das Studium und die Praxis der medialen Kommunikation besonders interessant. Daher wendet Kapitel 5 die Grundlagen des ELM konkret auf die medienvermittelte Kommunikation an, wobei die Werbung durch Massenmedien im Mittelpunkt steht (Abschnitt 5.1), aber auch weitere Anwendungsbereiche skizziert werden (Abschnitt 5.2). Weitere Abschnitte gehen auf die Kritik ein, die am ELM – wie an jedem anderen wissenschaftlichen Modell auch – geübt worden ist (Abschnitt 6) und stellen Ihnen alternative Rahmenmodelle der Persuasionsforschung vor (Abschnitt 7). Nach diesem Rundgang durch die Aussagen, Geschichte, Anwendungsmöglichkeiten, Diskussion und ‚Konkurrenten' des ELM wirft der Band abschließend einen Blick in die Zukunft: die Zukunft des ELM im Zeitalter neuer Medientechnologien und seine Anwendung in der künftigen Kommunikationspraxis (Abschnitt 8). Schließlich finden Sie in Abschnitt 9 eine kommentierte Liste mit „Top Ten"-Literaturtipps zum ELM sowie das Literaturverzeichnis dieses Bandes.

2. Grundzüge des Modells

2.1. Überblick

Das ELM ist ein sogenanntes Dual Process Model oder „Zwei-Prozess-Modell". Petty und Cacioppo gehen also nicht davon aus, dass
die Beeinflussung von Einstellungen immer nach ein und demselben
Schema verläuft. Vielmehr unterscheidet das Modell zwei grundsätzlich unterschiedliche Wege der Einstellungsbeeinflussung. Sie werden
„zentrale Route" und „periphere Route" genannt. Genau genommen
handelt es sich bei diesen Routen gar nicht um zwei distinkte Prozesse nach dem Prinzip „entweder – oder", sondern um ein Kontinuum
nach dem Prinzip „mehr oder weniger". Für die Einführung in das
ELM ist es aber zunächst sinnvoll, dieses Kontinuum zu vereinfachen
und zwei protypische, sehr unterschiedliche Wege zur Einstellungsbeeinflussung einander gegenüberzustellen.

Das ELM lässt sich als Ablaufmodell beschreiben, an dessen Beginn
ein Persuasionsversuch auf eine Person ‚trifft'. Jedes der in der Einführung genannten Beispiele – Bandenwerbung im Stadion, ein be-
sorgter Vater bei der Berufsberatung seines Kindes, eine Hauswurf-
sendung im Briefkasten und so weiter – stellt einen eigenen Persuasionsversuch dar, der auf eine definierbare Einstellung oder einen
Komplex aus mehreren Einstellungen wirken will beziehungsweise
wirken soll. Weil Menschen unterschiedlich sind und weil sich die Situationen und Zustände, in denen sich Menschen befinden, stark unterscheiden können, wirken solche Persuasionsversuche nicht auf alle
Menschen in allen Situationen auf die gleiche Weise. Derselbe Persuasionsversuch kann zu höchst unterschiedlichen Ergebnissen führen, wenn er bei verschiedenen Menschen unternommen wird. Er
kann sogar sehr unterschiedliche Ergebnisse hervorrufen, wenn er an
derselben Person in verschiedenen Situationen unternommen wird.
Das ELM beschreibt nun Eigenschaften von Persuasionsversuchen,
Eigenschaften von Personen sowie Eigenschaften von Situationen, die
für den Verlauf und das Ergebnis einer Einstellungsbeeinflussung von
Bedeutung sind.

Zwei-Prozess-Logik

Fallbeispiele

Stellen Sie sich zum Beispiel vor, dass die Bürgermeisterin einer Kleinstadt einen Hausbesuch macht, um einen örtlichen Unternehmer zu überzeugen (oder wenigstens zu überreden), seine neue Fabrikhalle in der Stadt und nicht anderswo zu errichten. Ihre Zielgröße ist also die Einstellung des Unternehmers zum Gegenstand „Bau der Fabrik in der Stadt". Diese Einstellung (im Sinne einer Bewertung durch den Unternehmer) soll am Ende des Gesprächs möglichst positiv ausfallen. Denn dann ist es besonders wahrscheinlich, dass die Entscheidung des Unternehmers (die thematische Verhaltensweise) im von der Bürgermeisterin erhofften Sinn ausfällt. Um dieses Persuasionsziel zu erreichen, kann die Bürgermeisterin ihre ‚Botschaft' unterschiedlich gestalten. Beispielsweise kann sie zwischen verschiedenen Argumenten auswählen oder dem Unternehmer einen großen Präsentkorb mitbringen. Sie kann auch die Situation bedenken, in der sie ihren Persuasionsversuch unternimmt. So kann sie den Unternehmer früh morgens aufsuchen, wenn er im Terminstress ist und keine Zeit hat, sich wirklich gründlich mit der Materie zu befassen (wobei es aber unhöflich wäre, sich gar nicht mit der Botschaft der Bürgermeisterin zu befassen). Oder sie kommt vielleicht am Abend, wenn der Unternehmer bei einem Glas Rotwein am Kamin sitzt und sich (vermutlich) in einer wohlwollenden ‚Freizeit-Stimmung' befindet. Was die Bürgermeisterin hingegen nicht beeinflussen kann, ist die Person des Unternehmers selbst. Er besitzt bestimmte Eigenschaften wie Willensstärke, Intelligenz, thematisches Wissen und wirtschaftliche Ziele, die in jedem Fall für den Verlauf und das Ergebnis des Persuasionsversuchs eine Rolle spielen werden, egal wie, wo und wann die Bürgermeisterin den Unternehmer anspricht.

Das ELM beschreibt in abstrakter Form eben jene Merkmale von Persuasionsversuchen (Botschaften), Personen und Situationen, die für die Beeinflussung von Einstellungen von Bedeutung sind. Diese abstrakten Annahmen lassen sich dann auf konkrete Situationen – die Bürgermeisterin und den Unternehmer, den Prospekt des Elektronikmarkts und den Leser, den Fernsehspot und die Zuschauerin und so weiter – übertragen. Aus der Übertragung kann dann zwar keine perfekte Vorhersage entstehen, wie der Persuasionsversuch ausgehen wird in dem Sinne, „Wenn die Bürgermeisterin Argument A in Situation B für Unternehmerperson C in den Mittelpunkt des Persuasionsversuchs stellt, wird der Unternehmer seine Einstellung zum Bau der Fabrik in der Stadt am stärksten verbessern". Wohl aber wird eine bessere Einschätzung möglich, welche denkbaren Persuasionsszenarien aus Botschaft, Zielperson und Situation wahrscheinlich zu welchem Ergebnis führen würden.

Begriffe

Das ELM geht wie gesagt von zwei unterschiedlichen Prozessen der Einstellungsbeeinflussung aus. Der Unterschied zwischen diesen beiden Prozessen – auch „Routen" genannt – besteht in dem Ausmaß, in dem sich die Zielperson mit dem auf sie treffenden Persuasionsversuch gedanklich auseinandersetzt (Schaubild 1). Die gedankliche Auseinandersetzung bezeichnen Petty und Cacioppo als „Elaboration": „Mit Elaboration meinen wir im Kontext von Persuasion das Ausmaß, in dem eine Person über die Argumente nachdenkt, die in einer Botschaft enthalten sind" (Petty & Cacioppo, 1986b, S. 128, Übersetzung durch die Autoren). Der Grad der Elaboration ist die kritische Größe, die über den Verlauf einer versuchten Einstellungsbeeinflussung entscheidet.

In der Kommunikationswirklichkeit unterscheiden sich die Intensitäten der gedanklichen Auseinandersetzung mit Persuasionsversuchen enorm: Überlegen Sie zum Beispiel, wie wenig Gedanken Sie an eine Werbung auf einem vorbeifahrenden Bus „verschwenden" (sehr geringe Elaboration), wie intensiv Sie aber über eine Anzeige mit einem Sonderangebot für eine Produktklasse nachdenken, für die Sie sich schon sehr lange interessieren (sehr starke Elaboration). An einem gewöhnlichen Tag erreichen uns demnach alle Persuasionsversuche, mit denen wir uns in sehr unterschiedlichem Maße gedanklich auseinandersetzen. Das ELM argumentiert nun, dass genau von diesem Ausmaß der gedanklichen Auseinandersetzung der Verlauf und mithin das Ergebnis eines Persuasionsversuchs entscheidend mitbestimmt werden. Das Modell erhielt genau deswegen seinen Namen: „Elaboration Likelihood" („Elaborations-Wahrscheinlichkeit") bezeichnet die Kerngröße, von der der Prozess der Einstellungsbeeinflussung abhängt. Die Leistung des ELM beruht im Wesentlichen darauf, die Elaborationsstärke oder Elaborationswahrscheinlichkeit vorherzusagen: Wie eine Einstellungsbeeinflussung „funktioniert", hängt davon ab, wie sehr sich die Zielperson mit der Botschaft gedanklich auseinandersetzt. Weiß man also, unter welchen Umständen

Unterschiedliche Elaborationsstärken

sich eine Zielperson (oder eine Zielgruppe) mit einer Botschaft mehr oder weniger intensiv auseinandersetzt – kennt man also die Elaborationswahrscheinlichkeit –, besitzt man eine wichtige (theoretische) Information, um den Verlauf und das Ergebnis der Einstellungsbeeinflussung insgesamt vorherzusagen.

Fallbeispiele

Auf das obige Beispiel bezogen wirft das ELM also folgende Fragen auf: Wie wahrscheinlich ist es, dass sich der Unternehmer gedanklich intensiv mit der ‚Botschaft‘ der Bürgermeisterin – Argumente, Präsentkorb, Schmeicheleien, verzweifelte Appelle und so weiter – auseinandersetzt? Und wenn sich der Unternehmer wenig mit der Botschaft auseinandersetzt, was folgt daraus für seine Einstellung zum Bau der Fabrik in der Stadt? Wenn er sich hingegen sehr intensive Gedanken macht über die Botschaft der Bürgermeisterin – wie würde sich das wiederum auf seine Einstellung auswirken?

Die Zweiprozess-Logik des ELM unterscheidet die (prototypischen) Fälle eines Persuasionsversuchs, den die Zielperson mit geringer gedanklicher Auseinandersetzung (schwache Elaboration) verarbeitet und des Persuasionsversuchs, den die Zielperson mit intensiver gedanklicher Auseinandersetzung (starke Elaboration) verarbeitet (Schaubild 1).

Begriffe

Der idealtypische Fall der schwachen Elaboration wird auch als „periphere" Route der Informationsverarbeitung bezeichnet. Der entgegengesetzte idealtypische Fall der starken Elaboration eines Persuasionsversuchs wird auch als „zentrale" Route der Informationsverarbeitung betitelt.

Das Modell trifft Annahmen, unter welchen Bedingungen es zu schwacher oder starker Elaboration kommt und betrachtet dazu die Eigenschaften der Botschaft, der Zielperson und der Situation. Weiterhin trifft das Modell Annahmen darüber, welche Konsequenzen eine schwache versus eine starke Elaboration für die Einstellungsbeeinflussung hat. Beispielsweise wie nachhaltig und stabil eine Einstellungsänderung ist in Abhängigkeit davon, ob die Elaborationsstärke während des Persuasionsversuchs klein oder groß war. In den folgenden Abschnitten wird diese Logik im Detail vorgestellt. Dabei orientiert sich das Kapitel an der Strukturierung von Petty und Cacioppo

(1986b), indem es sieben Hauptannahmen vorstellt, die die Grundzüge des ELM repräsentieren. Zuvor wird kurz das Verständnis von „Einstellung" und „Persuasion", das dem ELM zugrunde liegt, präzisiert.

Schaubild 1: Die Zwei-Prozess-Logik des ELM

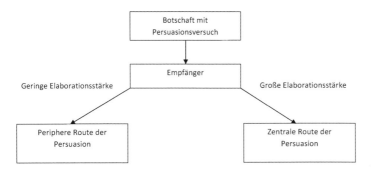

(Quelle: eigene Darstellung)

Akteure

John T. Cacioppo studierte Wirtschaftswissenschaften und Psychologie an Universitäten in Missouri und Ohio. Im Jahr 1977 erwarb er seinen Doktortitel in Sozialpsychologie an der Ohio State University. Im gleichen Jahr begann er seine Professorenlaufbahn als Assistant Professor für Psychologie an der University of Notre Dame (Indiana, USA). Vier Jahre später wechselte er an die University of Iowa, bevor er 1989 zurückkehrte an die psychologische Fakultät der Ohio State University. Im Jahr 1999 erhielt er den Ruf auf die „Tiffany and Margaret Blake Distinguished Service"-Professur am Institut für Psychologie der University of Chicago. Dort leitete er bis zu seinem Tod im Jahr 2018 das Programm für Sozialpsychologie und war Direktor des Center for Cognitive and Social Neuroscience. Im Rahmen der Forschung zum ELM hat sich Cacioppo auch und gerade mit methodischen Fragen befasst und bereits früh mit apparativen Verfahren aus der Psychophysiologie (z. B. Messung von Herzschlag-Frequenzen als Hinweis auf die Aufmerksamkeit von Versuchspersonen) experimentiert. Später setzte er auch neurowissenschaftliche Verfahren ein (z. B. bildgebende Hirnuntersuchungen) und hat das Forschungsfeld „Social Neuroscience" begründet. Hier untersuchte er das Zusammenspiel von biologischen Faktoren, etwa Genetik, Hormone, Hirnzellen, und dem menschlichen sozialen Verhalten. Seine Forschungsperspektive ist damit weit über das ELM hinausgewachsen. Cacioppo hat in den etwa 45 Jahren seiner akademischen Tätigkeit zahlreiche Forschungsprojekte eingeworben und geleitet, oftmals mit großen Budgets über einer Million US-Dollar, und hat eine immense Zahl wissenschaftlicher Arbeiten in vielen Spitzen-Fachzeitschriften veröffentlicht. Cacioppo zählt heute zweifelsohne zu den angesehensten Psychologen weltweit.

Richard E. Petty studierte Politikwissenschaften und Psychologie an der University of Virginia und wechselte nach seinem BA-Abschluss im Jahr 1973 in das Promotionsprogramm in Sozialpsychologie an der Ohio State University, wo er im gleichen Jahr wie Cacioppo (1977) seine Doktorwürde erwarb. Während die Zusammenarbeit mit Cacioppo am ELM andauerte, ging Petty an andere Hochschulen als sein Forschungspartner; zunächst ab 1977 an die University of Missouri, wo er als Assistant Professor begann, zum Associate Professor befördert und 1985 auf die „Frederick A. Middlebush"-Professur für Psychologie berufen wurde. Im Jahr darauf verbrachte er ein Sabbatjahr an der renommierten Yale University; seit 1987 ist er als Professor für Psychologie und Direktor des Social Psychology Doctoral Program wieder an der Ohio State University tätig; dort traf er also ein zweites Mal mit Cacioppo zusammen, bevor dieser nach Chicago wechselte. Petty ist dagegen – von einer Gastprofessur an der Princeton University 1995 abgesehen – in Ohio geblieben. Dort wurde er 1998 zum Distinguished University Professor ernannt. Wie auch Cacioppo ist Petty ein besonders produktiver Wissenschaftler; er hat bis heute mehr als 250 Beiträge in akademischen Fachzeitschriften veröffentlicht. Die Inhalte seiner Forschung sind im Vergleich zu Cacioppo näher am ELM geblieben: Petty befasst sich nach wie vor intensiv mit Einstellungen und verwandten Konzepten (z. B. Vorurteilen).

2.2. „Einstellung" und „Persuasion" in der Logik des ELM

Einstellungen als Bewertungen

Um die Einflussgrößen und Abläufe bei der Beeinflussung von Einstellungen in nachvollziehbarer Weise zu modellieren, ist es zunächst nötig, ein Verständnis davon zu entwickeln, was eine „Einstellung" eigentlich sein soll. Alltagssprachlich wird der Begriff wie die meisten anderen Termini eher breit und unspezifisch verwendet. „Du hast die falsche Einstellung", „Alles eine Frage der Einstellung", „Prüfe mal die Einstellung dieses Geräts" sind häufig geäußerte Phrasen, die unterschiedliche Facetten des Begriffs in den Mittelpunkt rücken. In der Sozialpsychologie wird der Einstellungsbegriff in der Regel auf eine relativ unspezifische, aber gut formalisierbare Perspektive reduziert: „Wir betrachten Einstellungen als allgemeine Bewertungen, die Menschen von sich selbst, anderen Menschen, Gegenständen und Themen aufweisen" (Petty & Cacioppo, 1986b, S. 127, Übersetzung durch die Autoren).

Dieses Verständnis von Einstellungen bildet die Tatsache gut ab, dass jeder Mensch ,zu sehr vielen Dingen eine Meinung hat', etwa über seine eigene Ausstrahlung, über die Intelligenz eines guten Freundes, über die Schönheit eines Sofas oder über die Kompetenz des UN-Generalsekretärs. Jede dieser Einstellungen lässt sich nach der Logik von Petty und Cacioppo formalisiert ausdrücken als „Bewertung (Einstellungsobjekt)", also etwa „positiv (eigene Ausstrahlung)", „negativ" (Intelligenz des guten Freunds X)", „positiv (Schönheit von Sofa Y) und „positiv (Kompetenz von UN-Generalsekretär Z)". Die Einstellungsobjekte können also sehr unterschiedlich sein, die Qualität der Einstellung hingegen nur hinsichtlich der Valenz oder Bewertungsrichtung (negativ bis positiv) variieren.

Weiterhin sind Einstellungen im Sinne von Petty und Cacioppo aber noch durch andere Eigenschaften zu kennzeichnen. Die Stärke der Valenz kann schwanken: Wir können eine sehr negative, leicht negative, ein wenig positive oder auch sehr positive Einstellung von der Schönheit unseres Sofas haben. Weiterhin kann eine Einstellung von unterschiedlicher Festigkeit oder Stabilität sein. Stabile Einstellungen ändern sich selten und nur langsam; sie sind meist über längere Zeiträume gewachsen und stellen robuste, gut eingeprägte Denkstrukturen dar. Die Einstellung zur Intelligenz eines langjährigen Freundes beispielsweise ist in aller Regel sehr stabil: Viele Gespräche und Beobachtungen im Laufe der Jahre sind in die Bildung der Einstellung eingeflossen. Ein einzelner Fehler jenes Freundes wird die Einstellung zu seiner Intelligenz deswegen kaum ändern können, selbst wenn es ein schwerwiegender Irrtum war. Formal ausgedrückt heißt das: Ein Einzelereignis kann die über Jahre gewachsene kognitive Struktur nicht ,im Handumdrehen' ändern, so dass die Einstellung zur Intelligenz des Freundes blitzartig von „sehr positiv" auf „sehr negativ" springt.

Anders sieht es aus mit der Einstellung zu einem Objekt bzw. zu einer Person, welche(s) wir nicht wichtig finden oder mit dem bzw. der wir wenig Erfahrung haben. Die Einstellung zur Kompetenz des UN-Generalsekretärs ist dafür ein Beispiel. Zweifelsohne ist es immens wichtig, dass der UN-Generalsekretär sehr kompetent ist. Aber im Alltagsleben der meisten Menschen hierzulande spielt diese Frage nur eine untergeordnete Rolle. Zudem ist der UN-Generalsekretär den wenigsten Leuten persönlich bekannt; wir können daher Vermutungen über seine Kompetenz nur auf der Basis der Medienberichterstattung anstellen. Auf diese Weise entstehen aber zumeist nur wenig robuste Einstellungen: Erwähnen die Medien einen großen Erfolg des

Eigenschaften von
Einstellungen

Generalsekretärs, wird das die Einstellung des Publikums zu seiner (oder ihrer) Kompetenz hin zur Ausprägung „eher positiv" schieben können. Wird aber am nächsten Tag ein Misserfolg vermeldet, dürfte die Einstellung auch genauso schnell wieder in die andere Valenzrichtung wandern. Die Einstellung zur Kompetenz des Generalsekretärs der UN ist also weniger stabil und dauerhaft; sie kann sich auch kurzfristig in die eine oder die andere Valenzrichtung verändern.

Eine weitere wichtige Dimension, auf der Einstellungen beschrieben werden können, ist ihre Handlungsrelevanz. Oben wurde gesagt, dass viele Personen, Unternehmen und andere Organisationen darum bemüht sind, unsere Einstellungen zu beeinflussen, weil sie auf diesem Wege unser Verhalten beeinflussen möchten. Die Idee ist also, dass Einstellungen eine Wirkung auf unsere Handlungen oder Verhaltensweisen haben, etwa in unserer Rolle als Konsumentin und Konsument, Wählerin und Wähler, Freundin oder Freund. In vielen Studien finden sich Hinweise darauf, dass diese Wirkung von Einstellungen auf Verhaltensweisen besteht. In der Gesundheitskommunikation wird beispielsweise versucht, die Einstellung von Zielgruppen mit besonderem Risiko für eine Erkrankung zu solchen Verhaltensweisen zu beeinflussen, die die Erkrankungsgefahr mindern. So zielt die Aids-Prävention darauf, die Einstellungen von Zielgruppen (vornehmlich von sexuell besonders aktiven jungen Menschen) zu relevanten Objekten wie dem Gebrauch von Kondomen oder dem Dialog mit dem Partner/der Partnerin über das Thema Aids in Richtung „positiv" zu bewegen, weil damit erwiesenermaßen die Wahrscheinlichkeit steigt, dass die Person solche Verhaltensweisen (also Kondomgebrauch; über Aids sprechen) auch an den Tag legt (Fisher & Fisher, 1992). Allerdings besteht der Einfluss von Einstellungen nicht für jede Person und jede Verhaltensweise. Für Person A mag Einstellung E eine sehr starke Wirkung auf das Verhalten V haben, für Person B dagegen mag diese Wirkung deutlich geringer ausfallen. In empirischen Studien drücken sich solche Unterschiede als ‚durchschnittliche Wirkungen' oder zusammenfassende statistische Koeffizienten aus. Im Kontext der Persuasionsforschung und des ELM sind unterschiedliche Einflussstärken von Einstellungen auf Verhalten deshalb wichtig, weil es bei vielen Persuasionsversuchen wie schon erwähnt letztendlich darum geht, unsere Verhaltensweisen zu beeinflussen. Auf dem Weg der Einstellungsbeeinflussung kann das aber nur in dem Maße gelingen, in dem die jeweilige Einstellung für uns auch handlungsrelevant ist.

Fallbeispiele

Die Firma Sauberblitz möchte Sie für das neue Duschgel mit Weingummi-Duft einnehmen und bearbeitet daher Ihre Einstellung zum Objekt „Weingummi-Duft". Das Kalkül dahinter ist, dass Ihre Einstellung zu „Weingummi-Duft" verhaltensrelevant ist. Sie müssten also vor dem Drogerie-Regal eine besonders hohe Kaufwahrscheinlichkeit (Verhaltenswahrscheinlichkeit) aufweisen, wenn Sie eine maximal positive Einstellung zu „Weingummi-Duft" haben. Möglicherweise ist nun aber für Sie (und für viele andere Personen der Zielgruppe) die Einstellung zum Thema „Weingummi-Duft" nicht so handlungsrelevant wie die Einstellung zum Objekt „Preis von Duschgels" oder zum Objekt „ungewöhnliche Duschgeldüfte". Selbst wenn es also der Firma Sauberblitz gelingen sollte, Sie zu einer positiven Einstellung zum Objekt „Weingummi-Duft" zu bewegen, wird das noch nicht zwangsläufig dazu führen, dass Sie auch das neue Duschgel der Firma kaufen. Unter dem Gesichtspunkt der Handlungsrelevanz hätte Sauberblitz dann die falsche – weil verhaltensirrelevante – Einstellung beeinflusst.

Einstellungen sind also nach der Logik der Sozialpsychologie und des ELM Bewertungen von Objekten. Sie unterscheiden sich in ihrer Richtung oder Valenz (positiv versus negativ), Stärke der Valenz (sehr positiv bis sehr negativ) sowie ihrer Stabilität und ihrer Handlungsrelevanz. Betrachtet man diese vier konstitutiven Aspekte, wird klar, dass es enorm schwierig ist, aus dem Wissen über die Einstellungen eines Menschen seine Verhaltensweisen vorherzusagen: Denn nicht jede Einstellung ist für jeden Menschen gleichermaßen verhaltensrelevant. Umgekehrt heißt diese Logik für das ELM, dass Persuasion – die Beeinflussung von Einstellungen – auf mindestens einen jener Aspekte „zielt": Es geht also um die Beeinflussung (Verstärkung oder Verschiebung) von Bewertungsrichtungen (Valenzen), der Stärke der Valenz, der zeitlichen Stabilität und/oder der Handlungsrelevanz einer oder mehrerer Einstellungen. Um das Modell möglichst nachvollziehbar zu erläutern, wird zumeist eine spezifische Einstellung (etwa Ihre Einstellung zu „Weingummi-Duft") in den Mittelpunkt der theoretischen Betrachtung gestellt. Auf der Grundlage dieses Verständnisses von Einstellungen erarbeiten die nun folgenden Abschnitte, wie Menschen auf Versuche, ihre Einstellungen zu beeinflussen, reagieren.

2.3. Erstes Postulat: Das Bedürfnis nach „zutreffenden" Einstellungen

Petty und Cacioppo stellen ihren Erläuterungen zum ELM ein allgemeines Postulat voran, das für die ‚Funktionsweise' des Modells von entscheidender Bedeutung ist: Menschen streben nach zutreffenden oder „korrekten" Einstellungen. Damit ist gemeint, dass sich Einstellungen in der Wirklichkeit bewähren sollen und zu vorteilhaften Entscheidungen beitragen. Bewertet jemand zum Beispiel die gesundheitsförderliche Wirkung einer in Wahrheit hochgiftigen Flüssigkeit als „gut", könnte dies eine Verhaltensentscheidung für „Trinken" nach sich ziehen. Diese Einstellung erweist sich dann als „unzutreffend", weil auf ihr basierende Entscheidungen Nachteile für die Person bedingen. Dieses Postulat birgt im Grunde eine wichtige philosophische Dimension (Einstellungen können selbst eigentlich nicht „korrekt" oder „zutreffend" sein, sondern nur mehr oder weniger vorteilhafte Konsequenzen nach sich ziehen), die an den Pragmatismus nach William James erinnert (vgl. dazu Diaz-Bone & Schubert, 1996). Sie wird aber im Kontext des ELM wenig diskutiert; vielmehr ist das Postulat wichtig, weil sie dem Menschen einen inneren Antrieb unterstellt, seine Einstellungen „richtig" zu gestalten und „Fehler" bei der Einstellungsbildung zu vermeiden. Einstellungen sind dem Menschen also nicht egal, ihre angemessene Beschaffenheit macht sich der Mensch vielmehr zur Daueraufgabe. Diese Tatsache spielt eine wichtige Rolle für die Informationsverarbeitung bei einer Konfrontation mit einem Persuasionsversuch, und deshalb wird dieses Postulat der ELM-Einführung auch vorangestellt (vgl. Petty & Cacioppo, 1986b, S. 127).

2.4. Zweites Postulat: Variierende Elaborationsstärken bei Persuasionsversuchen

Elaboration variiert zwischen Menschen und Situationen

Das zweite Postulat des ELM besagt, dass es Unterschiede zwischen Menschen und Situationen hinsichtlich des Ausmaßes der Elaboration von Argumenten gibt. Konkret geht das ELM davon aus, dass diese Unterschiede hinsichtlich der Bereitschaft zur gedanklichen Auseinandersetzung mit Argumenten (englisch „motivation") und der Fähigkeit zu eben dieser Auseinandersetzung („ability") bestehen.

Fallbeispiele

Stellen Sie sich ein Werbeplakat für eine neue Luxuslimousine vor, das neben einem Bild des Fahrzeugs einen Hinweis auf Scheinwerfer mit Kurvenlicht enthält. An diesem Plakat gehen im Laufe von zehn Minuten höchst unterschiedliche Menschen vorbei, die sich zudem in sehr unterschiedlicher geistiger Verfassung befinden mögen. Das ELM strukturiert diese Unterschiede in die *Bereitschaft* zur gedanklichen Auseinandersetzung mit der persuasiven Botschaft (dem Werbeplakat) und die *Fähigkeit* zur gedanklichen Auseinandersetzung mit der Botschaft. Unterschiede in der Bereitschaft zur gedanklichen Auseinandersetzung (also intensivere Elaboration) können zum einen auf stabile Personeneigenschaften zurückgehen: Viele Passantinnen und Passanten, die an unserem Plakat vorbeigehen, interessieren sich nicht einmal ansatzweise für Autos. Sie haben daher auch keine Lust, sich mit den Vor- und Nachteilen von Kurvenlicht zu beschäftigen und verweigern gewissermaßen die Elaboration. Die Bereitschaft zur Elaboration kann aber auch durch Eigenschaften der Situation beeinflusst werden: Passantinnen und Passanten, die gerade in Eile sind, werden kaum gewillt sein, sich auf Fragen rund um das neue Kurvenlicht einzulassen – selbst in dem Fall, wenn sie sich eigentlich sehr für Autos interessieren.

Umgekehrt lassen sich Personen- und Situationseigenschaften aber auch als Wurzeln für sehr intensi-

ves Nachdenken über die Argumente des Werbeplakats ausmachen. Stellen Sie sich einen Handlungsreisenden vor, der jedes Jahr 120.000 Kilometer mit dem Auto fährt. Für ihn kann jede technische Neuerung an Limousinen – und sei sie für Laiinnen und Laien noch so klein – tatsächlich einen Unterschied in der Berufs- und Lebenszufriedenheit bedeuten. Ein solcher Vielfahrer interessiert sich also wahrscheinlich sehr für Autos. Außerdem hat er reiche persönliche Erfahrungen mit Limousinen. Möglicherweise hat er vorgestern auch einen Testbericht über Kurvenlicht in einer Autozeitschrift gelesen. Er verfügt dann sogar über Detailwissen, das er beim Nachdenken über das Verkaufsargument „Kurvenlicht" verwenden kann. Dieser Handlungsreisende weist also sowohl sehr viel Bereitschaft als auch eine ausgeprägte Fähigkeit auf, sich mit dem Persuasionsversuch „Werbeplakat" zu beschäftigen. Wenn er nun auch noch ein wenig Zeit zum Nachdenken hat, bestehen auch auf der Ebene der Situationseigenschaften günstige Voraussetzungen (Motivation und Fähigkeit) für die intensive Elaboration der Argumente auf unserem Plakat.

Diese Beispiele verdeutlichen, dass das Ausmaß gedanklicher Beschäftigung mit einem Persuasionsversuch stark variieren kann. Petty und Cacioppo sprechen von einem „Kontinuum" der Elaborationsstärke: Elaboration ist kein dichotomer Vorgang, der „ein-" oder

Elaboration als Kontinuum

„ausgeschaltet" ist. Vielmehr bestehen Intensitätsunterschiede zwischen Menschen und Situationen entlang einer gedachten Messleiste von „sehr geringe Elaboration" über „ein wenig", „mittlere", „ziemlich starke" bis hin zu „sehr starke Elaboration", wobei die Einteilung auf der Messleiste natürlich frei wählbar ist: Das Modell geht von einer stufenlosen Zu- und Abnahmemöglichkeit der Elaboration aus.

Das „Elaborationskontinuum" spielt für die Logik des ELM eine wichtige Rolle. Wie stark sich eine Person mit einem Persuasionsversuch gedanklich befasst, hat nämlich dem Modell zufolge fundamentale Auswirkungen auf den Verlauf und das Ergebnis des Persuasionsversuchs, also die Beschaffenheit der angesprochenen Einstellung. Dabei gilt keine einfache Regel wie „mehr Elaboration macht eine Einstellungsänderung wahrscheinlicher". Vielmehr nimmt das ELM an, dass Personen bei eher niedriger Elaborationsstärke anders mit einem Persuasionsversuch umgehen, beispielsweise auf andere Aspekte der Botschaft achten als Personen mit eher großer Elaborationsstärke. Solche Unterschiede in der Verarbeitung des Persuasionsversuchs bedingen dann bestimmte Eigenschaften der Einstellungsänderung oder -beibehaltung.

Fallbeispiele

Am Beispiel der Automobilwerbung von vorhin: Ein Passant, der sich nicht für Autos interessiert, schaut sich zufällig das Kurvenlicht-Plakat an. Mit Kurvenlicht hat er sich noch nie beschäftigt, weiß daher wenig darüber und er möchte sich damit auch nicht beschäftigen. So erreicht er nur eine geringe Elaborationsstärke. Für diesen Zustand postuliert das ELM, dass der Rezipient auf oberflächliche Eigenschaften der Botschaft achtet. Er denkt nicht über das Kurvenlicht nach, sondern bemerkt vielleicht die angenehme Farbgestaltung des Plakats. Dadurch mag sich die Einstellung des Passanten zur beworbenen Limousine ein wenig verbessern – obwohl er gar nicht über die zentrale Botschaft des großartigen Kurvenlichts nachgedacht hat.

Zum Vergleich zeichnet sich der vorhin erwähnte Handlungsreisende durch eine sehr viel größere Elaborationsstärke aus. Sein immenses Vorwissen über Limousinen und Kurvenlicht sowie sein großes Interesse an Autos sorgen dafür, dass er sich mit der Werbung intensiv auseinandersetzt. Eine Fülle von Erinnerungen an das eigene Fahren, an Testberichte, Gespräche mit ebenfalls autointeressierten Bekannten strömt aus dem Gedächtnis des Handlungsreisenden ins Bewusstsein. Dass das Plakat ästhetisch ansprechend gestaltet ist und die Limousine eine elegante Karosserieform zu bieten hat, nimmt er sicherlich auch wahr; der Hauptunterschied zum zuvor beschriebenen Passanten besteht aber im sehr viel intensiveren Nachdenken über das Verkaufsargument „Kurvenlicht".

Nun hängt es vom Ergebnis dieses Nachdenkens ab, inwiefern sich die Einstellung des Handlungsreisenden zur Limousine verbessert. Sofern er zu dem Schluss kommt, dass Kurvenlicht an sich oder das spezifische Kurvenlicht der beworbenen Limousine nutzlos, zu teuer, unpraktisch oder alles zugleich ist, wird der Handlungsreisende seine zuvor bestehende Einstellung zur angepriesenen Limousine beibehalten: Der Persuasionsversuch wird wirkungslos an der angezielten Einstellung des Handlungsreisenden vorübergehen. Umgekehrt kann die intensive, kenntnisreiche Auseinandersetzung mit einem Persuasionsversuch aber natürlich auch zu einer Überzeugung durch das genannte Argument führen. Der Handlungsreisende würde in diesem Fall also ‚nach reiflicher Überlegung' dem Plakat zustimmen und aufgrund des immens vorteilhaften Kurvenlichts seine Einstellung zur Limousine X substanziell verbessern – was nach der im Einführungsteil dieses Buchs beschriebenen Logik der Verbindung zwischen Einstellung und Verhalten mit einer erhöhten Kaufwahrscheinlichkeit für Limousine X einhergehen würde.

Elaborationsstärke ist innerhalb des ELM also nicht für die konkrete Vorhersage des erzielten oder erzielbaren Persuasionsergebnisses wichtig. Sie bedingt vielmehr die Beschaffenheit der Informationsverarbeitung einer Person, die mit einem Persuasionsversuch konfrontiert wird, und daraus wiederum ergeben sich Implikationen für etwaige Einstellungsänderungen oder unverändert gebliebene Einstellungen. Auf diesen Zusammenhang kommen wir noch mehrmals zurück. Mit Blick auf das zweite Postulat des ELM ist zunächst wichtig, dass es ein Kontinuum der möglichen Elaborationsstärke bei der Konfrontation mit einem Persuasionsversuch gibt, und dass die Ausprägung der Elaboration in einer gegebenen Person und einer gegebenen Situation entscheidend für den Verlauf der Informationsverarbeitung und damit verbundenen einstellungsbezogenen Folgen ist (vgl. Petty & Briñol, 2015; Teeny, Briñol & Petty, 2017).

2.5. Drittes Postulat: Elaborationsstärke und die Persuasionskraft von Argumenten und Hinweisreizen

Die dritte Kernannahme des ELM führt die bisher besprochenen Überlegungen direkt fort, indem die Art des Umgangs mit einem Persuasionsversuch unter der Bedingung geringer versus großer Elaborationsstärke genauer ausgeführt wird. Drei Wege sieht das ELM vor, wie Einstellungsänderungen erfolgen können: Argumente, periphere Hinweisreize sowie Beeinflussung der Elaborationsstärke oder -richtung.

Argumente versus Hinweisreize

Argumente sind in dieser Logik die herkömmlichen Werkzeuge der Persuasion: Man nennt der Zielperson oder -gruppe (vermeintlich) gute Begründungen dafür, dass eine Einstellungsänderung gegenüber einem bestimmten Gegenstand angezeigt ist. Ein Vater mag seinem Sohn, dessen Einstellung zum Thema „Studieren" deutlich negativer ist als die Einstellung zum Thema „Rockstar werden", beispielsweise vor Augen führen, dass ein Studium mit sehr viel weniger Risiko den Weg zu einem selbstbestimmten Leben in Wohlstand ebnet als der Versuch, mit einer Band den Durchbruch zu schaffen. Das geringere Risiko des Scheiterns ist also ein Argument, das der Vater verwendet, um bei seinem Sohn eine Einstellungsänderung herbeizuführen. Argumente unterscheiden sich hinsichtlich ihrer Struktur und Logik (vgl. z. B. Kopperschmidt, 2000) und sie können mehr oder wenig stark im Sinne von „überzeugend" sein. Für ihre empirischen Studien unterscheiden Petty und Cacioppo starke von schwachen Argumenten nicht auf der Grundlage einer selbst angefertigten Argumentanalyse, sondern vielmehr anhand empirischer Daten: Die später in Versuchen verwendeten Argumente werden jeweils vorher Personen aus der Zielgruppe eines Persuasionsversuchs zur Beurteilung vorgelegt; die so ermittelten durchschnittlichen Urteile (z. B. zu der Frage, ob ein Argument „überzeugend" gefunden wird) repräsentieren dann die Stärke oder Schwäche des jeweiligen Arguments.

Periphere Hinweisreize („peripheral cues") sind Bestandteile von Persuasionsversuchen, die nicht als Argumente gelten, aber von der Zielperson oder -gruppe wahrgenommen und verarbeitet werden können. Solche Hinweisreize sind beispielsweise Eigenschaften der Kommunikatorin oder des Kommunikators eines Persuasionsversuchs oder Merkmale der Situation, in der ein Persuasionsversuch unternommen wird. Petty und Cacioppo (1986b) verwenden das Beispiel eines Redners, der mit seinem Vortrag versucht, das Publikum für eine bestimmte Position zu gewinnen – aber in einer fremden Sprache spricht. Weil ihn niemand versteht, gibt es auch keine Argumente, die das Publikum verarbeiten könnte; es ist allein darauf angewiesen, die nicht-sprachlichen Begleitumstände des Vortrags heranzuziehen, um mit dem Persuasionsversuch umzugehen. Das Szenario ist natürlich widersinnig, aber so wird deutlich, dass Begleitumstände (oder periphere Hinweisreize) beispielsweise etwas mit dem Aussehen und Auftreten des Redners zu tun haben. Wirkt er von seiner Sache überzeugt? Ist er feindselig? Ist er groß und attraktiv oder klein und hässlich? Äußerlichkeiten sollten für eine rationale Debatte weit weniger Bedeutung haben als Argumente, aber das ELM geht davon aus, dass gerade solche Hinweisreize in vielen Situationen wichtig für die Zielpersonen und -gruppen von Persuasionsversuchen sein können. Im Verlauf dieses Buches werden wir nachvollziehen, dass gerade Persuasionsversuche über die Massenmedien häufig und gerne mit peripheren Hinweisreizen gestaltet werden.

Während Argumente und periphere Hinweisreize mehr oder weniger direkt auf die Einstellung zielen, die durch einen Persuasionsversuch beeinflusst werden soll, gibt es nach Petty und Cacioppo (1986b) noch eine dritte Möglichkeit, die Informationsverarbeitung der Rezipientin oder des Rezipienten ‚anzusteuern‘. Persuasive Botschaften können versuchen, die Elaborationsleistung der Botschaftsempfängerin oder des Botschaftsempfängers zu beeinflussen. Sie können zum einen die Motivation, die Fähigkeit oder beides steigern, sich intensiv mit dem Argumentationsinhalt zu beschäftigen. Sie können auch versuchen, die Elaborationsfähigkeit oder -bereitschaft der Empfängerin oder des Empfängers zu senken. Das ELM unterscheidet hier zwischen einer sogenannten objektiven Elaboration und einer verzerrten („biased") Elaboration. Erstere meint das Ausmaß, in dem eine Person ernsthaft über die in einem Persuasionsversuch enthaltenen Argumente nachdenkt. Je stärker die objektive Elaboration ausfällt, desto genauer unterscheidet die angesprochene Person zwischen schwächeren und stärkeren Argumenten. Enthält ein Überzeugungsversuch also viele starke Argumente, sollten Personen mit starker objektiver Elaboration die Stärke dieser Argumente besser erkennen können als Personen mit schwacher objektiver Elaboration. Daraus ergeben sich wiederum erwartbare Unterschiede im Persuasionserfolg: Bei starker objektiver Elaboration fallen die guten Argumente stark ins Gewicht und werden im Vergleich zu einer Botschaft mit schwachen Argumenten eine größere Überzeugungswirkung entfalten. Bei schwacher objektiver Elaboration erkennen die angesprochenen Personen hingegen nicht (oder nicht sehr genau), wie gut oder schlecht die vorgetragenen Argumente sind, entsprechend sollte auch der Persuasionserfolg bei Personen mit geringer objektiver Elaborati-

Beeinflussung der Elaboration

on nicht so stark von der Güte der Argumente abhängen wie bei Personen mit starker objektiver Elaboration (Schaubild 2).

Schaubild 2: Argumente und periphere Hinweisreize bei schwacher und starker Elaboration

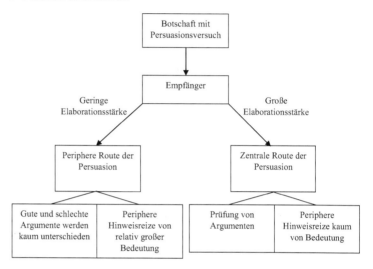

(Quelle: eigene Darstellung)

Fallbeispiele

Im Jahr der Wirtschaftskrise 2009 hat die deutsche Bundesregierung sehr viel Steuergeld eingesetzt, um Banken zu stützen, die in Zahlungsschwierigkeiten geraten waren. Stellen Sie sich vor, der Bundeswirtschaftsminister sitzt in dieser bewegten Zeit in einer politischen TV-Talkshow und versucht, das massive Staatsengagement zu rechtfertigen. Sein Überzeugungsversuch zielt also darauf, die Einstellung der Zuschauerinnen und Zuschauer zum Objekt „staatliche Bankenrettung" zu verbessern. Der Minister kann dazu (vermutlich) starke Argumente ins Feld führen (etwa, dass ohne die Bankenrettung die Ersparnisse von Millionen Bürgerinnen und Bürgern bedroht gewesen wären oder dass ohne die Bankenrettung viele Firmen mangels verfügbarer Kredite die Löhne nicht mehr auszahlen könnten). Wir nennen diese Variante einmal „starke Argumentation". Der Minister könnte aber für die staatliche Bankenrettung auch mit (vermutlich) schwachen Argumenten werben (z. B., dass die Bankvorstände doch gar nicht schuld an der Misere seien oder

dass die Krise nicht vorherseh-
bar war). Diese Variante nennen
wir die „schwache Argumentation". Wie nun die Zuschauerinnen und Zuschauer auf den mi-
nisterialen Überzeugungsversuch
reagieren, hängt (unter anderem)
von ihrer Elaborationsstärke ab.
Diejenigen, die motiviert und fähig zu großer Elaboration sind,
können gute von schlechten Argumenten besser unterscheiden.
Sie würden daher die Variante
„starke Argumentation" deutlich zustimmungsfähiger finden
als die Variante „schwache Argumentation". Personen mit
niedriger Elaborationsstärke
würden die Unterschiede zwischen guten und schlechten Argumenten dagegen weniger deutlich erkennen. Entsprechend
würden sie die „starke Argumentation" des Ministers für die
Bankenrettung nicht unbedingt
überzeugender finden als die
„schwache Argumentation".
Solche Zielpersonen würde der
Minister also auch mit schwachen Argumenten relativ erfolgreich überzeugen können, insbesondere wenn er günstige periphere Hinweisreize (z. B. gutes
Aussehen, seriöse Kleidung, so-
nore Stimme) einsetzen kann.

Das ELM sieht an dieser Stelle
die Möglichkeit vor, dass neben
(guten und/oder schlechten) Argumenten die persuasive Botschaft auch Elemente enthält, die
sich auf die objektive Elaboration auswirken können. Solche
Elemente könnte der Minister also in seine Wortbeiträge ein-
streuen, um das Publikum zu
motivieren oder in die Lage zu
versetzen, ein für ihn günstiges
Elaborationsniveau zu erreichen.
Wiederholung ist ein solches Element. Gerade für komplexe und
schwer verständliche Themen
kann die Elaborationsstärke
durch die Anzahl der Wiederholungen beeinflusst werden. Komplizierte (aber vermutlich starke)
Argumente wie die Gefahr von
ausfallenden Lohnzahlungen
könnte der Minister also mehrfach vorbringen, um die Chance
einer gründlichen Auseinandersetzung beim Publikum zu steigern. Schlechte Argumente dagegen werden durch Wiederholung
auch mit größerer Chance als
schlecht erkennbar. Hier wäre
der Minister also gut beraten,
lieber viele schlechte Argumente
jeweils nur einmal vorzutragen,
als das gleiche schlechte Argument immer wieder im Verlauf
der Talkshow zu äußern – täte er
Letzteres, würde die objektive
Elaborationsstärke des Publikums derart zunehmen, dass die
Argumentationsschwäche für
viele Zuschauerinnen und Zuschauer deutlich hervortritt.

Die Wechselwirkung zwischen Argumentqualität (stark versus schwach) und Elaborationsstärke konnte weitgehend empirisch nachgewiesen werden, was Carpenter (2015) in einer Meta-Analyse zeigt. Das ELM geht indes davon aus, dass sehr verschiedene Faktoren das Ausmaß der objektiven Elaborationsstärke beeinflussen und die Kommunikatorin oder der Kommunikator eines Persuasionsversuchs kann längst nicht alle davon beeinflussen oder gar steuern. Die Vielfalt dieser möglichen Einflussfaktoren macht die Vorhersage konkreter persuasiver Wirkungen so schwierig. Es ist jedoch ein wichtiger Beitrag des ELM, eben diese Faktoren zu systematisieren. Petty und Cacioppo (1986b) besprechen diese Modellkomponente ausführlich im vierten Postulat.

2.6. Viertes Postulat: Objektive Elaboration und ihre Ursachen

Objektive Elaboration und Argumentprüfung

Im Mittelpunkt des ELM steht die Frage, wie sehr die Adressatinnen und Adressaten eines Persuasionsversuchs über den Inhalt der persuasiven Botschaft nachdenken. Vom Ausmaß der Elaboration hängen maßgeblich der Verlauf und das (erwartbare) Ergebnis des Überzeugungsversuchs, also die resultierende Einstellung der Zielperson(en), ab. Entsprechend ist es für jeden, der jemanden überzeugen will, wichtig zu wissen, von welchen Faktoren die Elaborationsstärke abhängt. Anknüpfend an das dritte Postulat und das Beispiel des Wirtschaftsministers, der für die staatliche Bankenrettung wirbt, geht es hier zunächst um den Aspekt der objektiven Elaboration, also die Auseinandersetzung mit der Güte der im Persuasionsversuch enthaltenen Argumente. Ursachen der objektiven Elaboration können nach der Logik des ELM entweder dafür sorgen, dass die Stärke der Argumente besser erkannt wird, also sehr starke von weniger starken sowie von schwachen Argumenten differenziert werden. Solche Ursachen hätten also eine positive Wirkrichtung in dem Sinne, dass ihr Vorliegen die objektive Elaborationsstärke (Fähigkeit zur zutreffenden Argumentbewertung) steigert. Andere Ursachen der objektiven Elaboration können jedoch die umgekehrte Wirkrichtung aufweisen: Ihr Vorliegen würde dafür sorgen, dass die objektive Elaboration abnimmt. In diesem letzteren Fall würden die Zielpersonen also nicht so genau zwischen guten und weniger guten Argumenten differenzieren und der resultierende Persuasionseffekt würde längst nicht so stark davon abhängen, ob der Persuasionsversuch gute oder schlechte Argumente enthält (vgl. nochmals das Beispiel des Wirtschaftsministers in Abschnitt 2.5 sowie Schaubild 3).

Verfahren

An dieser Stelle ist eine methodische Vorbemerkung erforderlich. Petty und Cacioppo haben die Annahmen, die im ELM zusammengefasst sind, in vielen Einzelstudien empirisch getestet. Dabei verlassen sie sich zumeist auf sogenannte experimentelle Forschungsanlagen. Weil die Grundkenntnis zur Funktionsweise von sozialwissenschaftlichen Experimenten wichtig für die in diesem Lehrbuch genannten Beispielstudien ist, finden Sie in Abschnitt 4 eine kurze Einführung. Wichtig ist bereits an dieser Stelle, dass die experimentelle Logik immer Personengruppen miteinander vergleicht, die unterschiedlichen Botschaften (hier: Persuasionsversuchen) ausgesetzt werden oder die gleiche Botschaft unter systematisch verschiedenen Bedingungen konsumieren. Der Vergleich solcher Gruppen lässt sich dann mit Blick auf das ELM interpretieren. In diesem Sinne ist auch Schaubild 3 zu verstehen – es vergleicht hypothetische Versuchspersonengruppen in einer experimentellen Logik.

Schaubild 3: Folgen einer gesteigerten objektiven Elaboration und einer gesenkten objektiven Elaboration – hypothetische Versuchsergebnisse (Y-Achse zeigt Einstellung der Botschaftsempfängerinnen und Botschaftsempfänger nach Verarbeitung der Botschaft – größere Werte bedeuten positivere Einstellung).

Teil A: Stärkung der objektiven Elaboration steigert die Bedeutung der Argumentationsstärke für den Einstellungsprozess

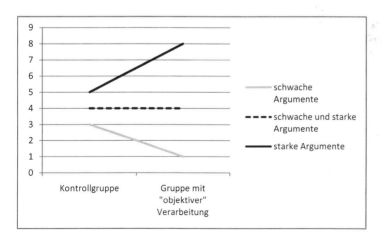

Teil B: Schwächung der objektiven Elaboration senkt die Bedeutung der Argumentstärke für den Einstellungsprozess

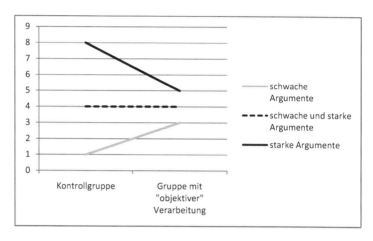

(nach Petty & Cacioppo, 1986b, S. 135, Abbildung 2, Panel III)

Das ELM unterscheidet fünf Hauptursachen der objektiven Elaborationsstärke (Schaubild 4). Einige davon wirken auf die Fähigkeit der Zielpersonen zur Elaboration ein, andere auf die Motivation zur Elaboration. Manche davon können von der Kommunikatorin oder dem Kommunikator eines Persuasionsversuchs beeinflusst (jedoch keinesfalls kontrolliert) werden, andere sind (eher) in der Situation verankert, in der der Überzeugungsversuch stattfindet, und wieder andere bringen die Zielpersonen als stabile Persönlichkeitseigenschaften mit.

Schaubild 4: Einflussfaktoren der Elaborationsstärke bei Empfängerinnen und Empfängern von Persuasionsversuchen. Faktoren auf der
rechten Seite erhöhen die Elaborationswahrscheinlichkeit, der Faktor
auf der linken Seite reduziert sie.

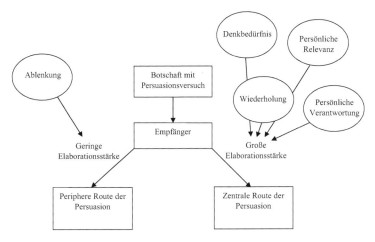

(Quelle: eigene Darstellung)

Eine wichtige Stellgröße für die Informationsverarbeitung von Rezipientinnen und Rezipienten eines Persuasionsversuchs ist die Frage,
ob sie den genannten Argumenten ihre volle Aufmerksamkeit schen-
ken oder nicht. Im Alltag prallen viele Überzeugungsversuche – Werbung in den Massenmedien, Mahnungen von Lehrerinnen und Leh-
rern, Wahlplakate – von den Adressatinnen und Adressaten einfach
ab, weil diese keine Aufmerksamkeit für deren Verarbeitung bereit-
stellen. Petty und Cacioppo (1986b) berichten von einer Reihe von
Experimenten, in denen Empfängerinnen und Empfänger von Persuasionsversuchen systematisch abgelenkt oder aber bei der Rezeption in
Ruhe gelassen wurden. Ablenkungen sorgten für eine reduzierte objektive Elaborationsstärke, weil sie die Wirkungsunterschiede zwischen Botschaften mit starken Argumenten und Botschaften mit
schwächeren Argumenten nahezu einebneten: Abgelenkte Rezipientinnen und Rezipienten wurden von schwachen Argumenten ebenso
gut überzeugt wie von starken Argumenten; Personen, die nicht abgelenkt wurden, wurden dagegen von starken Argumenten deutlich
eher in ihrer Einstellung beeinflusst als von schwachen Argumenten.

Mit dem Konzept der Ablenkung bietet das ELM reichhaltige Anknüpfungsmöglichkeiten an die kognitive Psychologie und die mittlerweile sehr umfangreiche Aufmerksamkeitsforschung (z. B. Ander-

Ablenkung

son, 2013; Styles, 2006; Underwood, 1993). Was genau „Ablenkung" ist und wie sie in die Informationsverarbeitung eingreift, kann daher sehr viel detaillierter – und in durchaus unterschiedlicher Weise – modelliert werden, als Petty und Cacioppo es im Rahmen des ELM vorschlagen. Das ändert aber nichts daran, dass im Persuasionskontext die Frage der fokussierten Aufmerksamkeit (versus Abgelenktheit) der Rezipientinnen und Rezipienten nachweislich eine wichtige Ursache für die objektive Elaborationsstärke darstellt, und zwar mit negativer Wirkrichtung: Je stärker die Ablenkung ist, desto schwächer ist die objektive Elaboration.

Wiederholung

In vielen Persuasionsstrategien spielen Wiederholungen eine wichtige Rolle. Gerade Werbung in den Massenmedien setzt konsequent auf Wiederholung. Wir alle kennen vor allem deshalb so viele Werbeslogans, weil wir sie jeweils sehr häufig gelesen und/oder gehört haben. Petty und Cacioppo (1986b) führen aus, dass die Wiederholung von Argumenten eine elaborationssteigernde Wirkung haben kann, solange sich die Anzahl der Wiederholungen in Grenzen hält („moderate repetition"). Eine geringe Anzahl von Wiederholungen der Botschaft steigert demnach die Chance, dass sich die Rezipientinnen und Rezipienten mit den Argumenten zureichend intensiv befassen und dadurch gute von schlechten Argumenten besser differenzieren können. In Bezug auf die Anzahl der Wiederholungen nimmt das ELM nun an, dass eine mittlere Anzahl von Wiederholungen (hier: drei Wiederholungen) für eine größere Elaborationsstärke sorgt. Entsprechend sollten die Rezipientinnen und Rezipienten nach drei Wiederholungen mit größerer Wahrscheinlichkeit die starken Argumente als stark und die schwachen Argumente als schwach identifiziert haben, so dass der Unterschied in der persuasiven Wirkung zwischen der Botschaft mit starken Argumenten und der Botschaft mit schwachen Argumenten nach drei Wiederholungen größer sein sollte als nach nur einer Wiederholung. Die Anzahl der Wiederholungen hat demnach eine kausale Wirkung auf die objektive Elaborationsstärke, und zwar mit positiver Wirkrichtung: Mehr Wiederholungen bedingen eine größere Elaborationsstärke.

Andererseits nimmt das ELM auch an, dass zu viele Wiederholungen die Elaborationsstärke absenken können. Das hat vor allem motivationale Gründe: Werden wir zu oft mit der gleichen Werbung konfrontiert, entstehen Sättigungseffekte. Wir sind gelangweilt oder genervt, jedenfalls nicht mehr geneigt, uns mit dem gleichen Inhalt schon wieder auseinanderzusetzen. Solche negativen Reaktionen nach sehr häufiger Wiederholung der Botschaft reduzieren also die

objektive Elaborationsstärke. Das muss wie gesagt nicht zum Scha-
den aus der Sicht der Kommunikatorin oder des Kommunikators
sein: Denn bei geringer objektiver Elaborationsstärke sind schwache
Argumente relativ überzeugend, jedenfalls überzeugender als bei
(noch) starker Elaboration.

Die Aspekte der Ablenkung und der Wiederholung sind relevant für   Persönliche Relevanz
die objektive Elaborationsstärke, weil sie die Fähigkeit der Empfän-
gerin oder des Empfängers betreffen, über die Botschaft und ihre Inhalte nachzudenken. Ablenkungen reduzieren diese Fähigkeit, (einige, aber nicht zu viele) Wiederholungen steigern diese Fähigkeit. Das
ELM beschreibt darüber hinaus drei Ursachen der objektiven Elaborationsstärke, die sich auf die Motivation oder Bereitschaft der Empfängerin oder des Empfängers zur gedanklichen Auseinandersetzung
mit dem Persuasionsversuch beziehen. Die erste Ursache ist persönliche Relevanz oder „Involvement". Für eine gegebene Person haben
unterschiedliche Themen und Sachverhalte spezifische Wichtigkeit
und Bedeutung. Unser Handlungsreisender (vgl. oben: Zweites Postulat) beispielsweise findet Automobile und Autotechnik relevant; dagegen mag er vielleicht die Themen Hochwasserschutz, Berufschan-
cen alleinerziehender Mütter oder amtliche Vorgaben für Dachnei-
gungen in Neubaugebieten für sich persönlich als weniger wichtig
einstufen. Menschen unterscheiden sich also darin, wie stark sie sich
in ein gegebenes Thema involviert fühlen. Ein starkes Involvement
führt dazu, dass man sich im Laufe der Zeit viel Sachwissen zu einem
Thema aneignet, spezifische Interessen und Vorlieben sowie gefestigte
Einstellungen ausbildet und aktiv über das Thema mit anderen kom-
muniziert. Bei Ihnen ist das auch so: Überlegen Sie einmal, mit welchen Themen Sie sich besonders gut auskennen. Wenn in diesem Bereich jemand versucht, Sie zum Beispiel für ein neues Produkt zu begeistern – wie sehr denken Sie darüber nach? Schwaches Involvement
führt dagegen langfristig dazu, dass eine Person wenig Sachwissen er-
wirbt und kaum Einstellungen aufbaut, die auf Argumenten und Re-
flexion beruhen. Vergleichen Sie für sich selbst: Überlegen Sie sich ein
Themengebiet, von dem Sie wenig verstehen. Wenn man Sie in diesem Bereich für ein neues Produkt gewinnen möchte, inwiefern gehen
Sie anders damit um als bei Themen, für die Sie Expertin oder Experte sind?

Für die Frage, wie stark eine Person bereit ist, sich mit einem Persuasionsversuch auseinanderzusetzen, ist das Ausmaß der persönlichen
Relevanz entscheidend. Das ELM argumentiert, dass hohes Involvement grundsätzlich die Motivation steigert, die Inhalte eines Persua-

sionsversuchs zu elaborieren. Der Grund für diese gesteigerte Elaborationsbereitschaft liegt darin, dass Themen mit hoher persönlicher Relevanz mehr und potenziell größere Konsequenzen für die Person haben als andere Themen. Daher sind Hochinvolvierte besonders bemüht, veridikale, ‚zutreffende‘ Einstellungen zu einem Sachverhalt zu haben (vgl. oben: Erstes Postulat), um gravierende negative Konsequenzen für ihr Leben – bei unserem Handlungsreisenden beispielsweise tägliches Ärgern auf der Autobahn wegen einer ‚falschen‘ Einstellung zur beworbenen Oberklasselimousine – zu vermeiden. In diesem Sinne fühlen Hochinvolvierte eine größere Notwendigkeit, sich mit Argumenten zu dem für sie wichtigen Thema zu befassen. Daraus resultiert also eine größere Motivation zur Elaboration.

Umgekehrt wirkt geringes Involvement als ‚Elaborationsbremse‘: Weil Niedriginvolvierten nur geringfügige und schwache Konsequenzen für das eigene Leben erwarten, empfinden sie keinen gesteigerten Bedarf nach einer besonders gut ausgearbeiteten, hundertprozentig veridikalen Einstellung. Wieder am Beispiel des Handlungsreisenden ausgedrückt: Ein Überzeugungsversuch, der den Handlungsreisenden für eine Begrenzung der Dachneigung in Neubaugebieten auf den Bereich 30 bis 32 Grad einnehmen soll, wird es schwer haben, ihn zum intensiven Nachdenken anzuregen, denn er erwartet aus der Einführung dieser Regel (oder auch der Beibehaltung bestehender Regeln) keinerlei bedeutsame Konsequenzen für sich selbst: „Was kümmerts mich?" Der Faktor „Involvement" ist daher niedrig ausgeprägt, die Bereitschaft zur Elaboration entsprechend auch.

Petty und Cacioppo (1979b) haben in einer experimentellen Studie empirisch gezeigt, dass die persönliche Relevanz des Persuasionsgegenstands die Elaborationsstärke beeinflusst. Dazu haben sie Studierende mit einem Überzeugungsversuch konfrontiert, in dem man sich für eine universitätsweit verschärfte Prüfungsordnung aussprach. Wieder präsentierten sie entweder eine Reihe zuvor als „stark" getesteter Argumente oder eine Reihe zuvor als „schwach" befundener Argumente. Die persönliche Relevanz wurde dadurch variiert, dass die Persuasionsbotschaft entweder die Verschärfung der Prüfungsordnung an der eigenen Universität der Versuchspersonen (in Missouri) einforderte (hohe persönliche Relevanz) oder aber an einer ganz anderen, entfernten Universität (in North Carolina; geringe persönliche Relevanz). Die Wirkungen des Persuasionsversuchs auf die Einstellungen zur Verschärfung des Prüfungsrechts unterschieden sich wie von den Autoren angenommen nach persönlicher Relevanz: Starke Argumente überzeugten eher bei starkem Involvement (also der Frage nach der Verschärfung der eigenen Prüfungsordnung) als bei schwachem Involvement (also bei der Frage nach der Verschärfung der Prüfungsordnung anderswo); schwache Argumente dagegen bewirkten bei Hochinvolvierten eine negativere Einstellung zur vorgeschlagenen Verschärfung. Dieses Befundmuster lässt sich damit erklären, dass Hochinvolvierte (die über ihre eigene Prüfungsordnung nachdenken sollten) eher bereit waren, sich gedanklich mit der Botschaft zu beschäftigen und aufgrund ihrer gesteigerten Elaboration die Güte der Argumente besser erkennen konnten: Starke Argumente erkannten sie eher als solche und fanden sie (vergleichsweise) zustimmungsfähig; schwache Argumente dagegen identifizierten sie mit größerer Häufigkeit als schwach und verwarfen sie entsprechend. Bei niedrigem Involvement, also einer Botschaft über das Prüfungsrecht anderswo, erreichte die Fähigkeit zur Unterscheidung zwischen starken und schwachen Argumenten dagegen nicht das gleiche Niveau, was Petty und Cacioppo auf die geringere Bereitschaft zur Elaboration zurückführen.

Die Erkenntnis, dass die Involvierung in das Persuasionsthema die Bereitschaft zur Elaboration beeinflusst, hat wichtige Konsequenzen, weil ja die Elaborationsstärke für den Wirkungsprozess der Botschaft von entscheidender Bedeutung ist. Absenderinnen und Absender von Persuasionsversuchen können sich das Wissen um die Beziehung zwischen Involvement und Elaborationswahrscheinlichkeit zunutze machen, indem sie hochinvolvierte Personen und niedrig involvierte Personen auf unterschiedliche Art und Weise ansprechen und damit ihre erwartbare Elaborationswahrscheinlichkeit genauer ‚bedienen'. Gerade für die Persuasion über Massenmedien (vgl. Abschnitt 5) besteht hier ein wichtiger Ansatzpunkt für die strategische Planung.

Petty und Cacioppo (1986b, S. 148) weisen allerdings darauf hin, dass hohes Involvement zwar modelltheoretisch über den Pfad der Motivation zur Elaboration mit der Elaborationsstärke verbunden ist, dass in der Kommunikationswirklichkeit jedoch die Aspekte der Motivation zur Elaboration und der Fähigkeit zur Elaboration oftmals miteinander verwoben (konfundiert) sind. Denn wie schon erwähnt führt hohes Involvement auch zu einem hohen Interesse an einem Thema und dem Aufbau von Expertenwissen, das Hochinvolvierte bei Persuasionsversuchen anwenden können, um die Argumentgüte zu prüfen. Unabhängig von ihrer (situativen) Bereitschaft zur Auseinandersetzung mit der Botschaft verfügen Hochinvolvierte also oftmals auch über eine größere Fähigkeit (im Sinne von Vorwissen) zur Elaboration als Niedriginvolvierte. Zudem besitzen sie in der

Regel auch mehr Erfahrungen damit, ihre wohlbedachten Einstellungen gegen eintreffende Persuasionsversuche abzuschirmen, indem sie Gegenargumente anführen.

Persönliche Verantwortung

Ein konzeptioneller Verwandter des Involvements als Determinante der Elaborationsstärke ist im Rahmen des ELM die persönliche Verantwortung der Empfängerin oder des Empfängers einer Persuasionsbotschaft. Gemeint ist eine situative Größe, nämlich das Ausmaß, in dem die Empfängerin oder der Empfänger alleinige Verantwortung für das Gelingen einer Aufgabe oder die Bewältigung eines Ereignisses innehat. Der Hintergrund für diese Überlegungen ist die sozialpsychologische Forschung zur Verantwortungsdiffusion, die ergeben hat, dass Menschen in Situationen mit geteilter Verantwortung (wenn beispielsweise viele Personen für die Bewältigung einer Aufgabe zuständig sind) weniger Engagement für die Aufgabe zeigen, als wenn man ihnen die Verantwortung alleine zuweist. Dieses ‚Wegducken‘ in einer Gruppe von Verantwortlichen ist nach Petty und Cacioppo (1986b) verbunden mit einer geringeren Neigung zur Elaboration aufgabenrelevanter (und persuasiver) Botschaften: Wenn man zum Beispiel in einem Arbeitsteam nicht alleine für das Ergebnis verantwortlich ist, wird man den wohlmeinenden Überzeugungsversuch einer teamexternen Kollegin, die Lösungsstrategie zu ändern, in der Tendenz weniger gründlich durchdenken (weniger stark elaborieren), als wenn man alleine die Verantwortung für das Ergebnis trägt. Ähnlich wie die persönliche Relevanz die Elaborationsbereitschaft steigert (vgl. oben), geht das ELM daher davon aus, dass auch ein höheres Maß an persönlicher Verantwortung die Motivation fördert, sich gedanklich mit (für den Verantwortungsbereich relevanten) Botschaften zu beschäftigen. Man könnte auch sagen, dass empfundene persönliche Verantwortung die persönliche Relevanz von thematischen Botschaften steigert und auf diese Weise die Elaborationsstärke anwachsen lässt. Auch für diese Einflussgröße der Elaborationswahrscheinlichkeit haben die Autoren experimentelle Nachweise erbracht (Petty, Harkins & Williams, 1980).

Denkbedürfnis

Die zuvor genannten Faktoren persönliche Relevanz und persönliche Verantwortung entstehen immer aus einer bestimmten Konstellation von Empfängerin/Empfänger und Botschaft – jeder Mensch empfindet nur in bestimmten Lebenslagen oder Situationen für bestimmte Themen persönliche Relevanz und für bestimmte Aufgaben hohe Eigenverantwortung. Mit dem Faktor Denkbedürfnis („Need for Cognition") führen Petty und Cacioppo eine Personeneigenschaft ein, die unabhängig vom Persuasionsgegenstand die Elaborationsstärke beeinflusst. Sie argumentieren, dass sich Menschen nicht nur hinsichtlich ihres Aussehens, ihrer Größe und bei bestimmten Persönlichkeitseigenschaften voneinander unterscheiden, sondern auch hinsichtlich ihres Bedürfnisses, nachzudenken, komplexe Probleme zu strukturieren und anspruchsvolle mentale Aufgaben zu bewältigen. Personen mit hohem ‚Need for Cognition' sind also unabhängig von Ort, Zeit und Thema eher motiviert, gedanklichen Aufwand zur Bearbeitung einer Aufgabe (zum Beispiel: Auseinandersetzung mit einem Persuasionsversuch) zu betreiben als Personen mit einem niedrigen ‚Need for Cognition' (Cacioppo & Petty, 1982). Dabei ist Need for Cognition ein Motivationskonstrukt, meint also Verhaltensneigungen und nicht geistige Fähigkeiten. Theoretisch ist es also denkbar, dass es wenig intelligente Personen mit hohem Need for Cognition gibt und dass es sehr intelligente Menschen mit einem geringen Denkbedürfnis gibt. Das Konzept „Need for Cognition" zielt auf den Spaß am Denken und die Freiwilligkeit gedanklicher Aktivität, nicht aber auf die Effektivität, Produktivität oder Kreativität des Denkens.

Das Denkbedürfnis ist für die Elaborationsstärke von Empfängerinnen und Empfängern von Persuasionsbotschaften offensichtlich bedeutsam: Menschen, denen komplexes Denken Freude bereitet, werden sich mit größerer Bereitschaft mit Argumenten beschäftigen und gründlicher über Persuasionsversuche reflektieren als Menschen, die am komplexen Denken nicht so großen Spaß haben. Das Denkbedürfnis ist also eine wichtige Einflussgröße für die Elaborationsstärke bei einem gegebenen Persuasionsversuch. Kennt man das Ausmaß des Denkbedürfnisses einzelner Empfängerinnen und Empfänger des Versuchs, lässt sich damit die Elaborationswahrscheinlichkeit bei der Verarbeitung der Botschaft besser vorhersagen, als wenn man nichts über das Denkbedürfnis der Empfängerperson(en) weiß.

2.7. Fünftes Postulat: Hinweisreize und Elaboration

Die bisherigen Postulate des ELM haben sich darauf konzentriert, dass die aus rhetorischer Sicht empfohlene Persuasionstechnik, nämlich der Einsatz starker Argumente, vornehmlich dann wirksam ist, wenn die Empfängerinnen und Empfänger des Persuasionsversuchs bereit und in der Lage sind, sich gedanklich intensiv mit den Argumenten zu beschäftigen (starke Elaboration). Bei schwacher Elaboration dagegen unterscheidet sich die Wirksamkeit von starken und schwachen Argumenten kaum oder gar nicht; das ELM geht deshalb davon aus, dass die Wirkung schwacher Argumente gesteigert werden kann, wenn es gelingt, die Elaborationsstärke bei den Empfängerinnen und Empfängern zu reduzieren, beispielsweise durch Ablen-

Folgen schwacher Elaboration

kung. Das vierte Postulat hat zudem Ursachen für größere oder geringere Elaborationsstärken benannt, und zwar mit Blick auf Eigenschaften der Kommunikationssituation (z. B. Ablenkung) und der Zielperson des Überzeugungsversuchs (z. B. thematisches Involvement; Denkbedürfnis). Das ELM geht aber nicht davon aus, dass im Fall geringer Elaborationsstärke die Wirkung von Persuasionsversuchen allein auf der Basis von Argumenten eintritt (die nur anders verarbeitet werden als bei starker Elaboration). Vielmehr enthält das ELM auch spezifische Annahmen dazu, dass bei geringer Elaborationsstärke bestimmte Merkmale von Überzeugungsversuchen verarbeitet werden, die gerade keine Argumente darstellen und deswegen bei ‚rationaler‘, intensiver Beschäftigung mit dem Persuasionsversuch allenfalls am Rande zur Kenntnis genommen werden. Das fünfte Postulat des ELM besagt:

Kernsätze

„Wenn die Motivation und/oder die Fähigkeit zur Auseinandersetzung mit Argumenten gesenkt wird, gewinnen periphere Hinweisreize eine relativ größere Bedeutung für die Persuasionswirkung. Wenn umgekehrt die Auseinandersetzung mit Argumenten intensiviert wird, sinkt die Bedeutung peripherer Hinweisreize für die Persuasionswirkung" (Petty & Cacioppo, 1986b, S. 152, Übersetzung durch die Autoren).

Das Modell geht also davon aus, dass bei geringer gedanklicher Beschäftigung mit einem Persuasionsversuch einerseits die Argumente weniger gründlich bedacht werden und andererseits andere Aspekte als die Argumente stärkeren Einfluss auf die Einstellungsbildung entfalten. Diese anderen Aspekte sind die peripheren Hinweisreize („peripheral cues") (vgl. oben: Drittes Postulat). Petty und Cacioppo (1986b) unterscheiden hier zwischen Hinweisreizen, die mit der Absenderin oder dem Absender des Persuasionsversuchs (der Rednerin oder dem Redner, Autorinnen und Autoren, Sender usw.) verbunden sind und solchen Hinweisreizen, die der Botschaft selbst innewohnen.

Periphere Hinweisreize   Absenderbezogene Hinweisreize („source cues") können beispielsweise Status und Reputation sein. Ärztinnen und Ärzte etwa besitzen zumeist eine hohe Reputation. Um davon zu profitieren, werden sie in der Fernsehwerbung häufig mit weißen Kitteln deutlich als Mitglied dieser Berufsgruppe gekennzeichnet. Bei einem Überzeugungsversuch für eine neue Kopfschmerztablette könnte also eine Ärztin oder ein Arzt im weißen Kittel einen einstellungsförderlichen peripheren Hinweisreiz darstellen; würde eine Frisörin oder ein Frisör für die Tablette werben, entfiele dagegen dieser periphere Hinweisreiz und für oberflächlich verarbeitende Zuschauerinnen und Zuschauer wäre der TV-Spot entsprechend weniger wirkungsmächtig. Andere absenderbezogene Cues, die sich bei geringer Elaborationsstärke positiv auswirken können, sind körperliche Attraktivität oder sympathisches Auftreten. Hinweisreize, die an die persuasive Botschaft gekoppelt sind („message cues"), können beispielsweise Sprachstil, einzelne Formulierungen, Farbgestaltung, Hintergrundmusik oder auch die Anzahl der vorgebrachten Argumente (unabhängig von deren Inhalt oder Stärke) sein.

Petty und Cacioppo berichten von verschiedenen Untersuchungen, mit denen sie zeigen können, dass solche peripheren Hinweisreize nur dann eine nennenswerte Rolle im Persuasionsprozess spielen, wenn die Verarbeitungstiefe (Elaboration) der Empfängerinnen und Empfänger niedrig ist. In einer Studie von Petty, Cacioppo und Goldman (1981) beispielsweise wurden Studierende wieder einmal mit einem Kurzvortrag für eine Änderung im universitären Prüfungsverfahren konfrontiert; dieses Mal wurde unter anderem variiert, ob der Sprecher als Spezialist für das Thema (nämlich ein Professor der renommierten Universität Princeton) oder als Laie (nämlich ein Schüler einer örtlichen High School-Klasse) bezeichnet wurde. Die hohe Expertise des Absenders der einen Persuasionsbotschaft stellte also einen peripheren Hinweisreiz dar, der in der Vergleichsgruppe fehlte. Zusätzlich variierten die Autoren, ob die vorgeschlagene Änderung des Prüfungswesens sofort oder in zehn Jahren eingeführt werden sollte. Damit wurde die wahrgenommene Relevanz und damit die Elaborationswahrscheinlichkeit der Probanden beeinflusst. Die Studierenden, die davon ausgingen, etwas über die ferne Zukunft zu hören, würden weniger Involvement entwickeln (die Änderung würde ihr eigenes Studium ja nicht mehr betreffen) als die Studierenden, die sich der Änderung des Prüfungswesens noch unterziehen müssten. Die Studie ergab, dass bei hoher Relevanz kein Einstellungsunterschied entstand zwischen den Personen, die den Sprecher für einen Professor hielten und den Personen der Vergleichsgruppe, die den Sprecher für einen Schüler hielten. Bei hoher Relevanz und großem persönlichen Involvement zählte nur die Stärke der Argumente. Bei geringer Relevanz (der vorgeschlagenen Änderung in zehn Jahren) dagegen machte es für die Einstellungsbildung einen messbaren Unterschied, ob der Sprecher als Professor oder als Schüler galt – bei geringer Elaboration spielte die Argumentqualität kaum eine Rolle, sehr wohl aber die Frage, wie viel Expertise der Absender der Botschaft besitzt. Der periphere Hinweisreiz „Expertise des Absenders" war also nur unter der Bedingung geringer gedanklicher Beschäftigung mit der Botschaft von Bedeutung. Dieses Experiment zeigt deutlich, dass das fünfte Postulat des ELM empirische Substanz besitzt. Vergleichbare Befunde fanden Petty und Cacioppo (1984) für periphere Hinweisreize, die der persuasiven Botschaft innewohnen („message cues"), nämlich für die Anzahl der Argumente. Unter der Bedingung starker Elaboration ließen sich die Zielpersonen von der Qualität und der Anzahl der starken Argumente leiten; bei schwacher Elaboration dagegen war nur die Anzahl der vorgetragenen Argumente insgesamt (unabhängig von ihrer Stärke oder Schwäche) überzeugungsrelevant. Personen, die sich wenig mit der Botschaft beschäftigten, nahmen also zur Kenntnis, ob die rezipierte Botschaft viele oder wenige Argumente enthielt und fanden Botschaften mit vielen Argumenten überzeugender – aber das galt eben auch für Botschaften mit vielen *schlechten* Argumenten.

Die Rationalität der peripheren Route

Warum lassen sich Menschen in Situationen, in denen sie sich nicht intensiv mit einem Überzeugungsversuch befassen wollen oder können, von derartigen Oberflächlichkeiten leiten? Ist es nicht irrational, darauf zu achten, ob jemand viele oder nicht so viele Argumente hat, anstatt zu prüfen, ob er *gute* Argumente hat? Begehen wir keine Fehler, wenn wir uns davon leiten lassen, ob ein Redner entschlossen oder schüchtern, sympathisch oder distanziert auftritt? Ist die Wirkungsmacht peripherer Hinweisreize in der Persuasion nicht ein Zeichen dafür, dass die moderne Gesellschaft für ernsthafte Debatten wenig übrighat, sondern sich vom schönen Schein blenden lässt? In der Tat sind Einstellungsbildungen auf der sogenannten peripheren Route, also bei relativ geringer gedanklicher Elaboration und starker Wirksamkeit peripherer Hinweisreize, das Gegenteil von dem, was Philosophen und Gesellschaftstheoretiker als rationalen Diskurs und wünschenswerte und funktionale Form der Meinungsbildung herausgearbeitet haben (beispielsweise Habermas, 1981). Andererseits muss man bedenken, dass jeder Mensch in der modernen Gesellschaft ständig mit neuen Botschaften konfrontiert wird. Wie schon in der Einleitung ausgeführt wurde: Wie häufig sind Sie in den letzten 24 Stunden mit Werbung und anderen Formen der Überzeugungsarbeit in Kontakt gekommen? Bei wie vielen dieser Kontakte haben Sie die enthaltenen Argumente gründlich geprüft, also eine starke Elaboration geleistet? Der Begriff „geleistet" ist hier mit Bedacht gewählt, denn Elaborieren lässt sich durchaus als gedankliche Arbeit verstehen. Wollten wir jedes Mal, wenn uns jemand von etwas überzeugen möchte, ein hohes Maß an Elaboration leisten, würde unserem Gehirn sehr bald die Puste ausgehen. Gerade durch die Medien erreichen uns immer mehr Informationen, mit denen wir uns beschäftigen wollen, sollen und/oder müssen. Unseren gedanklichen Verarbeitungskapazitäten droht geradezu ständig die Überlastung. Gegen diese Überlastung müssen wir Abwehrmaßnahmen entwickeln und ergreifen, wenn wir handlungsfähig bleiben wollen, also trotz der anbrandenden Flut der Informationen und Argumente unsere eigenen Gedanken und Ziele verfolgen möchten.

Geringe Elaboration, also die oberflächliche Verarbeitung von Botschaften, ist so eine Entlastungsstrategie. Wir konzentrieren uns einfach nicht so genau darauf, was das Werbeplakat, der Lehrer, die Eltern, die Bürgermeisterin uns zu sagen haben, sondern denken lieber an etwas anderes – oder an gar nichts. So vermeiden wir geistige Erschöpfung und bewahren uns Denkkapazitäten für Aufgaben, die uns wichtiger sind, als uns in diesem Moment mit Kurvenlicht oder Karriereplanung zu befassen. Geringe Elaboration von Argumenten ist also durchaus ein rationales, weil ressourcensparendes Verhalten (Schneider & Shiffrin, 1977). Sie hat nichts mit chronischem Desinteresse an wichtigen Themen, Abgestumpftheit oder oberflächlichem Denken als Personenmerkmal zu tun. Geringe Elaboration sollte man daher auch nicht normativ betrachten und als Problem gesellschaftlicher Debatten abwerten. Natürlich haben Hochinvolvierte, beispielsweise Anwohnerinnen und Anwohner eines geplanten Endlagers für Atommüll, immer ein Interesse daran, dass viele andere Menschen ihre (vielen, guten) Argumente genauso intensiv bedenken, wie sie es selbst tun. Aber genau das gleiche Interesse haben in der modernen Gesellschaft sehr viele andere Akteure mit ihren jeweiligen Anliegen, und jede/r von uns muss sorgfältig auswählen, womit sie oder er sich intensiv beschäftigt, so dass viele andere Botschaften und Argumente eben nur schwach elaboriert werden können.

Elaborationsleistung ist also bei jedem Menschen eine natürlich begrenzte Ressource, mit der wir wirtschaftlich und effizient umgehen müssen. Zugleich empfinden wir zumeist die Notwendigkeit, ‚zutreffende' oder ‚zielführende' Einstellungen zu den Dingen der Welt zu haben, damit das Verhalten, das wir auf unsere Einstellungen gründen (zum Beispiel: Kaufentscheidungen), uns keine schweren Nachteile bringt (vgl. oben: Erstes Postulat). Oftmals befinden wir uns also in Situationen, in denen wir keine große Elaborationsleistung hinsichtlich eines Persuasionsversuchs erbringen wollen oder können, dennoch können oder wollen wir uns auch nicht ganz von der Botschaft abschotten. Unter diesen Umständen ist es eine ressourcenspa rende Vorgehensweise, eben nicht jedes vorgebrachte Argument gründlich zu durchdenken, sondern lediglich auf schnell zu erkennende oberflächliche Hinweisreize zu achten. Eine Expertin oder ein Experte (zum Beispiel eine Ärztin oder ein Arzt, wenn es um Gesundheitsfragen geht) hat oftmals gute Argumente, es ist daher eine vernünftige Idee, ihrer oder seiner Einstellungsempfehlung zu folgen, auch wenn man ihre oder seine Argumente im aktuellen Fall nicht prüfen will oder kann. Zumindest ist es in dieser Situation eine vernünftigere Idee, dem Vorschlag einer Ärztin oder eines Arztes zu folgen als dem Vorschlag einer Laiin oder eines Laien. Wer freundlich und mit wohlwollender Stimme zu uns spricht, hat mit größerer Wahrscheinlichkeit unser Wohlergehen im Sinn als jemand, der uns reserviert oder gar unfreundlich anspricht.

Viele der Oberflächlichkeiten, auf die wir uns bei geringer Elaborationsstärke ‚verlassen', sind also durchaus sinnvoll und potenziell zielführend. Das schließt natürlich nicht aus, dass wir bei geringer Elaborationsleistung auch eher getäuscht werden können oder zu Einstellungen kommen, die aus der Sicht von Hochinvolvierten als irrational gelten müssen, weil wir unsere Meinung in der von der Absenderin oder dem Absender einer Botschaft intendierten Weise angepasst haben, obwohl dessen Argumente eigentlich nur schlecht gewesen sind. Doch in vielen Fällen geht es ja für uns auch um nicht viel, wenn wir es bei geringer Elaborationsstärke belassen. Erinnern Sie sich an das Beispiel des Passanten, der eilig an dem Kurvenlicht-Plakat für unsere Oberklasselimousine vorbeigegangen ist (vgl. Abschnitt 2.4)? Selbst wenn er aufgrund geringer Elaborationsstärke zu einer aus ‚rationaler' (Experten-)Sicht wenig zielführenden Einstellung pro Limousine kommen würde, wäre das kein Problem für ihn, schließlich wird er sich mangels Interesse und Involvement ein Auto aus diesem Produktsegment ohnehin nicht kaufen. In solchen Fällen, wenn unsere geringe Elaborationsstärke nicht nur aus mangelnden Verarbeitungskapazitäten entsteht, sondern auch aus geringer persönlicher Relevanz oder Desinteresse, droht uns also auch kein Ungemach, wenn wir nach peripherer Auseinandersetzung mit den Argumenten zu einer ‚falschen' oder nicht optimal-zielführenden Einstellung gelangen. Hier lohnt also der Aufwand größerer Elaboration zum Zweck einer ‚Optimierung' der Einstellung nicht.

Risiken peripherer Verarbeitung

Problematisch dagegen sind solche Situationen, in denen eine große Elaborationsstärke für uns wichtig wäre, weil eine wenig zutreffende Einstellung gravierende Konsequenzen für uns haben könnte, wir aber nicht in der Lage zur starken Elaborationsleistung sind.

Nehmen wir als Beispiel hierfür den Fall eines Familienvaters, der sich mit einem windigen Finanzberater über Geldanlage unterhält – und an fürchterlichen Kopfschmerzen leidet. Der Berater drängt den Mann, sein Erspartes in eine riskante Anlageform zu investieren und sagt, jedes Zögern sei ein fataler Fehler. Weil es um viel Geld aus jahrelanger Sparleistung geht, wäre eine gründliche Prüfung der Argumente des Beraters (eine starke Elaborationsleistung) bei der Einstellungsbildung zum Gegenstand „riskantes Investment" sicherlich ratsam. Wegen der schlimmen Kopfschmerzen besitzt der Mann jedoch wohl kaum die momentane Fähigkeit zur Elaboration und ist dann anfällig für periphere Hinweisreize, etwa den gut sitzenden Anzug oder die lange Liste angeblich zufriedener Kunden des Beraters. In sehr vielen Fällen aber ist es eine durchaus rationale und ökonomische Strategie, es bei einer geringen Elaborationsstärke zu belassen.

Angesichts der Informationsüberflutung muss die oberflächliche Beschäftigung mit Argumenten sogar die Regel, die gedankliche Voreinstellung sein; eine starke Elaborationsleistung können Menschen nur in begründeten Ausnahmefällen vollbringen.

Das ELM beschreibt also mit der zentralen Route starker Elaboration und der peripheren Route schwacher Elaboration nicht einen ,guten' und einen ,schlechten' Weg der Persuasion. Es bildet damit lediglich Unterschiede zwischen Menschen und zwischen Situationen ab, die für den Verlauf und das Ergebnis von Überzeugungsversuchen bedeutsam sind. Für viele alltägliche Situationen – den Konsum von Fernsehwerbung zum Beispiel – ist eine geringe Elaborationsleistung typisch für die meisten Menschen und durchaus auch vorteilhaft im Sinne des sparsamen Umgangs mit Denkkapazitäten. Entsprechend häufig, so folgt aus dem ELM, spielen periphere Hinweisreize im täglichen ,Persuasionsgeschehen' eine tragende Rolle. Es ist indes nicht präzise vorherzusagen, welche Hinweisreize eine gegebene Person bei der oberflächlichen gedanklichen Auseinandersetzung mit einem Persuasionsversuch aufnimmt und bei der Einstellungsbildung berücksichtigt. Klar ist jedoch, dass die Anwesenheit günstiger Hinweisreize bei geringer Elaborationsstärke eine im Sinne der Persuasionsabsicht günstige Einstellungsbeeinflussung wahrscheinlicher macht (im Vergleich zu einem Überzeugungsversuch ohne diesen Hinweisreiz). Gerade für die medienvermittelte Überzeugungsarbeit, insbesondere die Werbung, ist dieser Umstand von großer Bedeutung.

2.8. Sechstes Postulat: Verzerrte Elaboration

Mit den ersten fünf Postulaten hat das ELM bereits deutlich gemacht, dass der Umgang von Rezipientinnen und Rezipienten mit Persuasionsversuchen eine komplizierte Angelegenheit ist, weil Eigenschaften von Personen, Eigenschaften der Situation, in der sie sich befinden, sowie Eigenschaften des Persuasionsversuchs selbst in sehr unterschiedlicher Weise zusammenwirken (in der Experimentalpsychologie sagt man: interagieren) können. Das ELM bietet sogar genau betrachtet eine massive Reduktion der Komplexität, weil es von idealtypischen Vorgängen ausgeht, in denen beispielsweise eine Botschaft nur starke oder nur schwache Argumente enthält oder eine Person eine sehr starke oder eine sehr schwache Elaborationsleistung erbringt. Viele Persuasionsversuche in der Wirklichkeit weisen jedoch Mischungen von Zuständen auf, die in der Erläuterung des ELM als idealtypisch behandelt werden. Die meisten Rednerinnen und Redner beispielsweise haben einige gute und einige schlechte Argumente anzubieten, und viele Themen sind für uns ein bisschen relevant, so dass wir etwas Elaborationsleistung erbringen wollen und vielleicht auch können. Zwar nimmt das ELM an, dass die in ihm beschriebenen Denkprozesse auch unter solchen ‚unreinen' Bedingungen auftreten, doch daraus folgt dann eben, dass die Ergebnisse der Überzeugungsversuche eben nicht mehr so eindeutig vorhergesagt werden können, wie die Befunde der verschiedenen Experimente zum ELM es nahelegen könnten. Die Kommunikationswirklichkeit bleibt auch dann kompliziert und schwer zu durchschauen, wenn man gut durchdachte und empirisch bewährte Modelle wie das ELM als Erkenntniswerkzeuge einsetzt.

Voreingenommenheit der Rezipientinnen und Rezipienten

Das sechste Postulat des ELM setzt sich mit einer Randbedingung von Persuasion auseinander, die in der Wirklichkeit sehr oft anzutreffen ist und idealtypische Ergebnisse wie, „starke Elaboration steigert die Wirkung starker Argumente und schwächt die Wirkung schwacher Argumente" (Drittes Postulat), ‚vernebeln' oder ‚eintrüben' kann. Es behandelt die Tatsache, dass die Elaborationsleistung der Rezipientinnen und Rezipienten nicht nur hinsichtlich ihrer Stärke variieren kann (wie in den bisherigen Postulaten vornehmlich betont wurde), sondern auch hinsichtlich ihrer Richtung. Mit Richtung ist hier gemeint, inwieweit die Informationsverarbeitung der Empfängerinnen und Empfänger dem Persuasionsziel der erhaltenen Botschaft bereits vorab (also unabhängig von deren Inhalt) neutral (keine Richtung), wohlwollend (positive Richtung) oder ablehnend (negative Richtung) gegenübersteht. Eine neutrale Voreinstellung bedeutet, dass wir uns in ‚objektiver' unvoreingenommener Weise mit dem Persuasionsversuch befassen und theoretisch bereit sind, unsere Einstellung zum thematischen Gegenstand in die eine oder die andere Richtung zu ändern.

Wenn eine Politikerin in einer Talkshow für den Neubau von Kernkraftwerken in Deutschland argumentiert, zeichnen sich Zuschauerinnen und Zuschauer mit einer objektiven Elaboration also durch die Bereitschaft aus, ihre Einstellung in Richtung pro Kernkraft oder contra Kernkraft zu verändern. Diese ‚richtungsfreie', objektive Elaboration kann eher stark oder eher schwach ausfallen und wurde in den vorangegangenen Postulaten als Regelfall angenommen. Bei starker objektiver Elaboration sollten also starke Pro-Argumente die Einstellung in positiver Richtung und starke Contra-Argumente die Einstellung in negativer Richtung beeinflussen können. Bei schwacher objektiver Elaboration dagegen sollten insbesondere positive periphere Hinweisreize eine Einstellungsänderung in positiver Richtung bewirken und negative periphere Hinweisreize (z. B. ein unsympathischer Eindruck der redenden Person) die Einstellung in negative Richtung verschieben.

Petty und Cacioppo nehmen aber an, dass viele Elaborationsleistungen nicht so neutral ausgerichtet sind, sondern vielmehr eine Verzerrung beinhalten, also eine Voreingenommenheit für eine bestimmte Einstellungsrichtung. Eine verzerrte Elaboration bedeutet also, dass Argumente für eine bestimmte Einstellungsrichtung ‚bevorzugt', mit mehr Wohlwollen gehört und verarbeitet werden als Argumente gegen diese Einstellungsrichtung. Bei verzerrter Elaboration – unabhängig von ihrer Stärke oder Schwäche – sind die Empfängerinnen und Empfänger also nicht dazu bereit, ihre Einstellung in beide denkbaren Richtungen zu verändern. Vielmehr wollen sie aus der Botschaft die Argumente ‚herauslesen', die eine bestimmte Einstellungsrichtung stützen, und sie wollen sich nicht so stark mit Argumenten befassen, die dieser Einstellungsrichtung entgegenstehen. Das sechste Postulat des ELM geht auf diese ‚verzerrte' Elaboration ein:

Kernsätze

„Variablen können die verzerrte Verarbeitung einer Botschaft bewirken, indem sie eine positive (wohlwollende) oder negative (ablehnende) motivationale und/oder fähigkeitsbezogene Verzerrung der produzierten Gedanken zum Thema herbeiführen" (Petty & Cacioppo, 1986b, S. 163, Übersetzung durch die Autoren).

Der wohl wichtigste Anwendungsfall für dieses Postulat betrifft die „Variable" Vorwissen beziehungsweise das Vorhandensein einer (Vor-)Einstellung. Zu vielen Themen besitzen viele Menschen bereits Informationen, bevor sie mit einem Persuasionsversuch konfrontiert werden, und oftmals haben sie sich schon zu einem Gegenstand eine Meinung gebildet. Diese bestehende Meinung werfen wir typischerweise nicht über Bord, um uns gänzlich auf einen aktuellen Persuasionsversuch einzulassen und die Bereitschaft herzustellen, unsere Einstellung in jede denkbare Richtung zu verändern (also objektive Elaboration zu leisten). Vielmehr neigen wir dazu, bereits bestehende Einstellungen zu verteidigen, also gegen eine Änderung durch den Persuasionsversuch abzuschirmen.

Fallbeispiele

Der Handlungsreisende, der uns in diesem Band gelegentlich als Beispiel dient, mag sich bereits eine negative Einstellung zum Thema Kurvenlicht gebildet haben, weil er in einer Autozeitschrift einen kritischen Bericht dazu gelesen hat. Die Argumente eines Werbeplakats für eine neue Oberklasselimousine mit Kurvenlicht (z. B. mehr Sicherheit, tolles Fahrerlebnis) wird er deshalb nicht nüchtern und neutral zur Kenntnis nehmen, sondern vor dem Hintergrund seiner bestehenden Einstellung verarbeiten. Seine bestehende Voreinstellung und sein Hintergrundwissen bedingen daher eine negative Verzerrung seiner Elaborationsleistung: Er wird, so nehmen Petty und Cacioppo an, vornehmlich negative, ablehnende Gedanken zu den Argumenten auf dem Plakat generieren und innerlich versuchen, die Aussagen auf dem Plakat zu widerlegen.

Solches „Counterarguing" ist eine Strategie, die bestehende Einstellung zu verteidigen; die Entkräftung der rezipierten Argumente erlaubt es, die eigene bestehende Einstellung als weiterhin ‚zutreffend' im Sinne des ersten Postulats (s.o.) zu betrachten. ‚Counterarguing' fällt den Empfängerinnen und Empfängern einer Botschaft leichter, wenn sie über viel Vorwissen verfügen und wenn im Persuasionsversuch, den sie ,abwehren' wollen, nur schwache Argumente enthalten sind. Bei starken Argumenten ist es logischerweise schwieriger, erfolgreich Gegenargumente zu erzeugen.

Bei starker negativ verzerrter Elaboration ist also davon auszugehen, dass die in einer Botschaft vorgebrachten Argumente sehr gründlich (wegen der hohen Elaborationsstärke) und sehr kritisch (wegen der Elaborationsverzerrung) geprüft werden. Als Folge ist eine positive Einstellungsänderung kaum zu erwarten, auch wenn die kommunizierten Argumente sehr gut sind. Sind die vorgebrachten Argumente schwach, macht sich die negativ verzerrte starke Elaboration besonders deutlich bemerkbar, denn nun fällt es der Empfängerin oder dem Empfänger besonders leicht, „counterarguing" zu betreiben: Zum einen fallen der Zielperson reichlich Gegenargumente ein, zum anderen lassen sich die schwachen Argumente der rezipierten Botschaft leicht entkräften. Daher ist nicht nur mit einem Ausbleiben einer positiven Einstellungsänderung zu rechnen, sondern sogar mit einer Verstärkung der bestehenden negativen Einstellung der Zielperson („Jetzt bin ich mir meiner Sache noch sicherer").

Negative Verzerrung

Für eine positiv verzerrte Elaboration gelten gemäß dem sechsten Postulat die umgekehrten Vorzeichen. Hier ist es das Ziel der angesprochenen Person, ihre bereits bestehende positive Einstellung zu einem Gegenstand zu bewahren und auszupolstern („bolstering"). Argumente, die in diese Richtung gehen, werden daher bevorzugt verarbeitet und erzeugen besonders viele zustimmende („favorable") Gedanken. Starke Pro-Argumente haben daher bei starker positiv verzerrter Elaboration eine geradezu durchschlagende Wirkung, weil sie die bestehende Positiv-Meinung der Zielperson weiter stärken. Für schwache Pro-Argumente macht sich die positiv verzerrte Elaboration am deutlichsten bemerkbar, und zwar im Vergleich zur Verarbeitung mit neutraler, unverzerrter Elaboration. Bei starker objektiver Elaboration erkennen die Zielpersonen nämlich die Schwäche der Argumente mit großer Wahrscheinlichkeit und lassen sich davon kaum oder gar nicht überzeugen. Bei starker positiv verzerrter Elaboration dagegen sind die Zielpersonen bereit, sich auf jedes Pro-Argument einzulassen und sich ergo auch von schwachen Argumenten beeinflussen zu lassen: Für die Auspolsterung bestehender Einstellungen ist gewissermaßen jedes Argument recht, so dass bei schwachen Pro-Argumenten die positive Verzerrung der Elaboration einen besonders großen Unterschied für Verlauf und Ergebnis eines Persuasionsversuchs macht.

Positive Verzerrung

Wenn verzerrte Elaboration im Spiel ist, werden die Verläufe der Informationsverarbeitung bei den Adressatinnen und Adressaten eines Persuasionsversuchs also deutlich komplizierter, als wenn objektive Elaboration stattfindet. Eine Zusammenschau der im ELM versammelten Randbedingungen von Persuasion finden Sie unten in Abschnitt 2.10. Zunächst werden an dieser Stelle die Konsequenzen positiv und negativ verzerrter Elaboration als Tabelle aufbereitet (Schaubild 5).

Schaubild 5: Konsequenzen von verzerrter und nicht verzerrter Elaboration.

Richtung der Elaboration Stärke der Argumente	Dem Persuasionsziel entgegengesetzt (negative Verzerrung)	Objektiv (neutral gegenüber dem Persuasionsziel, keine Verzerrung)	Mit dem Persuasionsziel übereinstimmend (positive Verzerrung)
schwach	(--)	(0) / (-)	(+)
stark	(-)	(+)	(++)

(Quelle: eigene Darstellung)

Der anhand des ELM vorhergesagte Ausgang eines Persuasionsversuchs wird wie folgt symbolisiert: (++) Einstellung deutlich zustimmend im Sinne des Persuasionsziels; (+) Einstellung schwach zustimmend im Sinne des Persuasionsziels; (0) Einstellung neutral (weder zustimmend noch ablehnend) im Sinne des Persuasionsziels; (-) Einstellung schwach ablehnend im Sinne des Persuasionsziels; (--) Einstellung stark ablehnend im Sinne des Persuasionsziels.

Die Tabelle macht deutlich, dass derselbe Persuasionsversuch bei Personen mit unterschiedlicher Elaborationsrichtung sehr unterschiedliche Folgen hat. Mit dem gleichen ‚Material' an Argumenten gehen Zielpersonen also ausgesprochen unterschiedlich um. Schwache Argumente werden Personen mit negativer Elaborationsverzerrung weiter in ihrer Ablehnung bestärken, weil sie sehr erfolgreich Gegenargumente erzeugen und sich damit selbst in ihrer Meinung bestätigen können. Personen mit positiver Elaborationsverzerrung genügen die gleichen schwachen Argumente jedoch oftmals, um ihre ohnehin positive Ausgangsmeinung weiter zu stärken. Geht man davon aus, dass viele Persuasionsversuche eine Mischung aus eher schwachen und eher starken Argumenten beinhalten, ergibt sich daraus, dass unterschiedliche Personen sehr Unterschiedliches in der Botschaft erkennen und in sehr unterschiedlicher Weise vom Inhalt der Botschaft ‚überzeugt' werden.

Vorwissen und vorangegangene Meinungsbildung sind also Eigenschaften von Zielpersonen, die zu einer verzerrten Elaboration führen können, so dass sich die Überzeugungswirkung von starken und schwachen Argumenten nicht mehr so direkt vorhersagen lässt wie im Fall objektiver Elaboration. Das ELM geht davon aus, dass nicht nur Personeneigenschaften, sondern auch andere Aspekte des Persuasionsprozesses zu einer verzerrten Elaboration beitragen können. Petty und Cacioppo nennen hier insbesondere den Faktor der ‚Vorwarnung'. Informiert man nämlich Personen darüber, dass gleich jemand versuchen wird, sie von etwas zu überzeugen, so setzt man damit eine unwillkürliche Abwehrreaktion in Gang. Das Bedürfnis, die bestehende Einstellung zu verteidigen, wird aktiviert, und die Zielpersonen beginnen damit, Argumente für ihre Einstellung zu generieren – sie könnten nützlich sein, den bevorstehenden Überzeugungsversuch abzuwehren. Daher lassen sich vorgewarnte Zielpersonen selbst von starken Argumenten nicht so gut überzeugen wie nicht vorgewarnte Zielpersonen. Verschiedene Experimente können diese Abwehrreaktion empirisch nachzeichnen und auch zeigen, dass negativ verzerrte Elaboration die Ursache für die geringere Überzeugbarkeit bei vorgewarnten Personen ist (Petty & Cacioppo, 1979a). Das Zusammenspiel von Vorwarnungen und Vorwissen des Publikums ist gerade für die Wirkung massenmedialer Werbung interessant, zumal ja beispielsweise im Fernsehen bevorstehende Werbespots den Zuschauerinnen und Zuschauern angekündigt werden müssen (vgl. Abschnitt 5).

2.9. Siebtes Postulat: Die Folgen der Elaborationsstärke

Der letzte Baustein des ELM schließt den Kreis zum Anfang unserer Betrachtung, nämlich der Tatsache, dass so gut wie alle Kommunikatorinnen und Kommunikatoren, die Ihre Einstellungen beeinflussen möchten, eigentlich Ihr Verhalten im Sinn haben. Über den Weg der Einstellungsänderung (oder -verstärkung) sollen Ihr Einkaufsverhalten, Ihre Wahlentscheidungen, Ihre aktive Gesundheitsvorsorge oder andere Verhaltensbereiche beeinflusst werden. Das ELM hat bis hierher vornehmlich Überlegungen zur Informationsverarbeitung von

Zielpersonen während des Persuasionsvorgangs angestellt und insbesondere die Frage nach der Intensität der gedanklichen Beschäftigung
(Elaboration) in den Mittelpunkt gerückt: Die Elaborationsstärke hat
Folgen für die Wirksamkeit starker und schwacher Argumente und
die Wirksamkeit peripherer Hinweisreize, und sie hängt ihrerseits
von verschiedenen Eigenschaften der Zielperson (z. B. Denkbedürfnis), der Botschaft und der Rezeptionssituation ab.

Nachhaltigkeit von
Einstellungsänderungen Das siebte Postulat befasst sich nun mit der Frage, was eigentlich mit
den Einstellungen nach der Rezeption eines Persuasionsversuchs ge-
schieht. Was passiert mit den frisch geformten, beeinflussten oder
verteidigten Einstellungen, wenn die Rednerin geendet hat, der Werbespot vorbei ist, der wohlmeinende Vater von seinem des Studierens
unwilligen Sohn abgelassen hat? Bleibt die aktuelle Einstellung bestehen, ist sie also stabil? Oder fällt sie beim nächsten Persuasionsversuch wie ein Kartenhaus in sich zusammen? Für die meisten Kommunikatorinnen und Kommunikatoren, zumal jene, die Ihr Verhalten im
Sinn haben, ist diese Frage von entscheidender Bedeutung. Denn nur
stabile, über Zeit konstante Einstellungen (zum Beispiel eine dauerhaft positive Einstellung zu einer bestimmten Automobilmarke) besitzen eine nennenswerte Wahrscheinlichkeit, auch Verhalten zu beeinflussen, etwa Kaufentscheidungen oder auch Stimmabgaben bei
Wahlgängen.

Das siebte Postulat des ELM besagt, dass Einstellungen nach der Rezeption eines Persuasionsversuchs unterschiedlich lange ,halten' und
unterschiedlich stabil sind, und dass diese Unterschiede insbesondere
von der Elaborationsstärke während des Überzeugungsversuchs abhängen.

Kernsätze

„Einstellungsänderungen, die vornehmlich aus der Verarbeitung thema-
tisch relevanter Argumente erwachsen (zentrale Route), weisen eine größere zeitliche Persistenz, einen stärkeren Einfluss auf Verhalten und größere Widerstandsfähigkeit gegenüber Contra-Persuasion auf" (Petty &
Cacioppo, 1986b, S. 175, Übersetzung durch die Autoren).

Die Elaborationsstärke macht also den Unterschied zwischen substanziellen Einstellungsänderungen und eher bescheidenen Einstellungsänderungen. Mit ,substanziell' sind solche Einstellungsänderungen gemeint, die einen relativ langen zeitlichen Bestand haben, die er-
heblich auf thematisches Verhalten einwirken und die sich nicht so
leicht durch nachfolgende Persuasionsversuche in die entgegengesetz-

te Richtung verändern lassen. ‚Bescheiden' sind dagegen Einstellungsänderungen, die sich nur bedingt verhaltenswirksam erweisen, die
sich durch neue Persuasionsversuche auch ins Gegenteil verkehren
lassen und ergo auch keine bedeutende zeitliche Dauerhaftigkeit besitzen.

Fallbeispiele

Oben war die Rede von einer Bürgermeisterin, die einen örtlichen Unternehmer vom Bau einer neuen Fabrik im Stadtgebiet überzeugen will (vgl. Abschnitt 2.1). Weil es sich hier um eine Investition großen Umfangs handelt, ist es unwahrscheinlich, dass der Unternehmer die Aussagen der Bürgermeisterin auf der peripheren Route verarbeitet. Vielmehr hat das Thema hohe persönliche Relevanz und sogar Bezug zur persönlichen Verantwortlichkeit des Unternehmers, so dass von hohem Involvement sowie hohem thematischem Vorwissen ausgegangen werden muss (vgl. oben: Viertes Postulat). Gehen wir davon aus, dass der Unternehmer noch keine Vorentscheidung für oder gegen den städtischen Standort der neuen Fabrik gefällt hat und daher eine objektive, nicht-verzerrte Elaborationsleistung erbringt. Die Bürgermeisterin bringt bei ihrem Besuch nun eine Reihe von sehr starken Argumenten für ihr Anliegen vor, beispielsweise stellt sie massive Fördermittel für den Bau der Anlagen sowie den passgenauen Ausbau der Verkehrsanbindung an das Fabrikgelände gemäß den Wün-

schen des Unternehmers in Aussicht. Weil der Unternehmer genau zuhört, sich also gedanklich intensiv mit den Argumenten beschäftigt, erkennt er die guten Argumente auch als gut und er lässt sich, weil er noch keine anderslautende Voreinstellung aufweist, von der Bürgermeisterin überzeugen, im Stadtgebiet zu bauen. Gemäß dem siebten Postulat des ELM ist diese von der Bürgermeisterin herbeigeführte Einstellungsveränderung beim Unternehmer mit hoher Wahrscheinlichkeit dauerhaft, verhaltensleitend und sicher vor einer Umstimmung durch nachfolgende Beeinflussungsversuche, zumindest im Vergleich zu einer Situation, in der der Unternehmer (aus welchen Gründen auch immer) die Argumente der Bürgermeisterin nicht so genau bedacht und aufgrund ihrer freundlichen Stimme (peripherer Hinweisreiz) verarbeitet hätte. Wegen seiner hohen Elaborationsleistung während des Überzeugungsversuchs ist das nun erreichte Einstellungsergebnis jedoch substanziell: Der Unternehmer wird nun mit großer Wahrscheinlichkeit seine positive Einstellung zum Bau der Fabrik im Stadtgebiet auch in Verhalten (z. B. Ankauf eines Grundstücks im Stadtgebiet) umsetzen. Er wird zudem auch in sechs Wochen, wenn er mit seiner Bank über den Finanzierungsplan redet, mit relativ großer Wahrscheinlichkeit die gleiche Einstellung aufweisen und seinen Handlungsplan auch den Bankern präsentieren (zeitliche Stabilität der Einstellung). Und er wird sich nicht so leicht von Argumenten des Bürgermeisters der Nachbargemeinde, die ebenfalls ein Ansiedelungskandidat für die neue Fabrik sein könnte, umstimmen lassen – diese Contra-Persuasion hätte jedenfalls sehr viel größere Erfolgschancen, wenn der Unternehmer die Argumente der Bürgermeisterin nur schwach elaboriert hätte.

Petty und Cacioppo haben die postulierten Folgen der Elaborationsstärke für die Robustheit von Einstellungsänderungen natürlich in verschiedenen Experimenten überprüft (im Überblick: Petty & Cacioppo, 1986b, S. 177ff.). Eine dieser Studien soll hier zur Illustration der empirischen Bewährung auch dieses ELM-Postulats vorgestellt werden. Petty, Cacioppo und Heesacker (1985) prüften die Wirkung der Elaborationsstärke während eines Persuasionsversuchs auf die zeitliche Stabilität von Einstellungsänderungen, indem sie wieder einmal Studierende mit einer kurzen Rede konfrontierten, die sich für Änderungen der Campus-Regeln aussprach. Dieses Mal wurden jedoch bestimmte Eigenschaften der Botschaft, die in vorherigen Studien voneinander getrennt worden waren, um andere ELM-Annahmen zu testen, zusammengeworfen: Es gab eine Variante der Botschaft, die von einer hervorragend beleumundeten, als Experte ausgewiesenen Person stammte (peripherer Hinweisreiz: Kommunikator ist vertrauenswürdiger Experte) und zugleich sechs starke Argumente für die vorgeschlagene Regeländerung enthielt. Die andere Variante wurde angeblich von einer unbekannten, als Laie gekennzeichneten Person (kein peripherer Hinweisreiz) gesprochen und beinhaltete zugleich sechs schwache Argumente für die vorgeschlagene Regeländerung.

Frühere Experimente hatten diese beiden Aspekte (Eigenschaften des Kommunikators und Argumentstärke) unabhängig voneinander variiert, so dass es auch Experten mit schwachen Argumenten und Laien mit guten Argumenten gab (vgl. oben: Fünftes Postulat). Hier gab es diese Trennung nicht, sondern die Versuchspersonen hörten entweder eine Experten-Rede mit starken Argumenten oder eine Laien-Rede mit schwachen Argumenten. Variiert wurde jedoch noch die persönliche Relevanz der Botschaft: Entweder ging es in der Rede um eine Änderung der Regeln an der eigenen Universität der Versuchspersonen (hohe Relevanz mit erwartbar größerer Elaborationsstärke) oder um eine Änderung der Regeln an einer weit entfernten Universität (geringe Relevanz mit erwartbar geringerer Elaborationsstärke, vgl. oben: Viertes Postulat).

Bei dieser Studie untersuchten Petty et al. (1985) die Einstellung zur vorgeschlagenen Regeländerung nicht nur unmittelbar nach der Rezeption der Botschaft, sondern auch 14 Tage später im Rahmen einer telefonischen Nachbefragung „zu allgemeinen Themen rund um den Campus". Es zeigte sich, dass bei der kurzfristigen Einstellungsänderung als Folge der gehörten Botschaft kein Unterschied zwischen Versuchspersonen mit großer und geringer Elaborationsleistung bestand: Sowohl die Personen, die auf der zentralen Route verarbeitet hatten, als auch die Personen, die auf der peripheren Route verarbeitet hatten, ließen sich von der Experten-Rede mit guten Argumenten eher überzeugen als von der Laien-Rede mit schlechten Argumenten. Das war von den Autoren auch erwartet worden: Die zentral verarbeitenden Personen hatten sich tatsächlich von den guten Argumenten (versus den schlechteren Argumenten in der Vergleichsbedingung) überzeugen lassen, die peripher verarbeitenden Personen hatten sich dagegen von dem ‚mitgelieferten' peripheren Hinweisreiz, „Kommunikator ist vertrauenswürdiger Experte", überzeugen lassen (bzw. sich weniger von der Variante mit „Kommunikator ist kein Experte" überzeugen lassen). Die Nachbefragung 14 Tage später erlaubte es nun aber, die Dauerhaftigkeit der erzeugten Einstellungsänderung zu untersuchen. Es zeigte sich eine klare Tendenz, dass die zentral verarbeitenden Personen häufiger ihre Einstellung beibehalten hatten – der Unterschied zwischen der Variante, „Kommunikator ist Experte mit guten Argumenten", und der Variante, „Kommunikator ist Laie mit schlechten Argumenten", hatte bei diesen Personen häufiger Bestand. Die Vergleichspersonen, die peripher verarbeitet hatten, wiesen dagegen nach 14 Tagen nur sehr viel seltener diesen Gruppenunterschied noch auf: Hier verwischten die Unterschiede zwischen Experten- und Laienquelle. Die unmittelbar nach der Rezeption der Botschaft gemessene Einstellung hatte bei geringer Elaborationsstärke weniger Bestand und war bei mehr Personen durch spätere Einflüsse (z. B. Gespräche mit anderen Personen) häufiger wieder verändert worden als bei den zentral verarbeitenden Personen.

2.10. Zusammenfassung

Schaubild 6: Das Elaboration Likelihood Model in deutscher Sprache

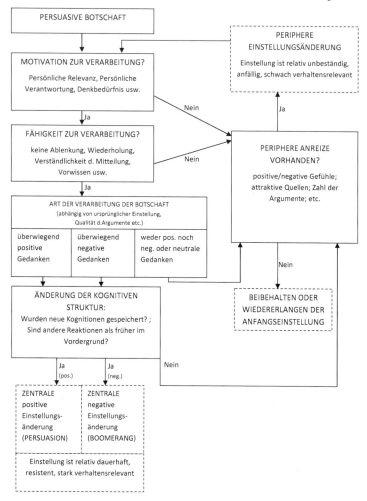

(nach Schenk, 2007, S. 261)

Mit den Ausführungen zum Siebten Postulat ist das ELM in seiner ‚Originalfassung' aus den 1980er-Jahren vollständig beschrieben. Wir können das Modell daher nun noch einmal zusammenfassen. Welche bedeutsamen Einflussgrößen für den Verlauf und den Ausgang von Persuasionsversuchen können Sie benennen? Schaubild 6 bietet eine Zusammenschau der wichtigsten Randbedingungen. Es ist angelehnt an das Lehrbuch zur Medienwirkungsforschung von Michael Schenk (2007). Am Ende dieses Abschnitts finden Sie eine originalgetreue, englischsprachige Variante der gleichen Abbildung, so dass Sie sich auch die ‚internationale Sprache des ELM' aneignen können (Schaubild 7).

Das Modell fragt zunächst danach, wie es um die Elaborationswahrscheinlichkeit der Empfängerin oder des Empfängers eines Persuasionsversuchs bestellt ist. Diese hängt einerseits von der Bereitschaft der Empfängerin oder des Empfängers ab, also beispielsweise ihrem oder seinem Interesse für das beworbene Produkt oder ihrer oder seiner momentanen Beschäftigung mit etwas ganz anderem. Nur wenn die Bereitschaft zur Elaboration vorhanden ist, spielt es eine Rolle, ob die Empfängerperson auch in der Lage zur Elaboration ist, beispielsweise über thematisches Vorwissen verfügt und sich in der aktuellen Situation ausreichend auf die Botschaft konzentrieren kann (oder aber abgelenkt wird). Wenn sowohl die Bereitschaft als auch die Fähigkeit zur starken Elaboration vorhanden sind, wird die zentrale Route der Persuasion eingeschlagen, und die Empfängerperson prüft die Argumente der Botschaft sehr genau. Ist jedoch die Bereitschaft zur Elaboration gering, wird in jedem Fall die periphere Route der Persuasion betreten. Ebenso erfolgt eine periphere gedankliche Auseinandersetzung in dem Fall, dass zwar die Bereitschaft zur Elaboration gegeben ist, die Fähigkeit dazu jedoch schwach ausgeprägt ist (etwa bei dem Beispiel mit dem vom Kopfschmerz geplagten Familienvater und dem Anlageberater; vgl. Abschnitt 2.7).

Die zentrale Route der Persuasion ist hier insofern verkürzt abgebildet, dass nicht zwischen einer objektiven und einer verzerrten Elaboration (Sechstes Postulat) unterschieden wird. Von der Elaborationsrichtung hängt es ja ab, wie wahrscheinlich eine wohlwollende oder ablehnende Bewertung der geprüften Argumente sein wird. Die Abbildung dagegen betrachtet an dieser Stelle nur die Resultate von Elaboration: Entweder denkt die Empfängerperson durch eingehende – verzerrte oder nicht verzerrte – Prüfung positiv über die persuasive Botschaft, stimmt also mit ihr überein, oder sie hat vorzugsweise negative Gedanken zur Botschaft, stimmt also nicht mit ihr überein, oder aber sie entwickelt überhaupt keine Tendenz, steht also den genannten Argumenten weder zustimmend noch ablehnend gegenüber. Der erste Fall führt dann zu einem „cognitive structure change" (Petty & Cacioppo, 1986b, S. 126) im aus Sicht der Kommunikatorin oder des Kommunikators günstigen Sinne, nämlich zu einer relativ nachhaltigen, robusten und verhaltenswirksamen Änderung der Einstellung gemäß der Absicht der Senderin oder des Senders der persua-

Elaborationsstärke als kritische Größe

siven Botschaft. Der zweite Fall führt – dank der intensiven Elaborationsleistung – ebenfalls zu einem solchen kognitiven Strukturwandel, allerdings wegen der negativen Gedanken über die Botschaft zu einer entgegengesetzten Richtung der Einstellungsänderung. Die Empfängerperson entwickelt ihre Einstellung in die aus Absendersicht ungünstige Richtung, und diese Gegenposition zur Botschaft ist dann auch noch stabil und zementiert. In diesem Fall hat die Absenderin oder der Absender ergo das Gegenteil von dem erreicht, was sie oder er eigentlich vorhatte – die Einstellung der Empfängerperson hat sich nachhaltig in die andere als die gewünschte Richtung verschoben. Daher spricht man in diesem Fall von einem sogenannten Bumerang-Effekt. Der dritte Fall, also starke Elaboration, die aber in die Abwesenheit von positiven und negativen Gedanken über die Botschaft oder ein Gleichgewicht von positiven und negativen Gedanken ohne Tendenz mündet, führt nicht zu einem stabilen Einstellungswandel, sondern leitet wiederum über zur peripheren Route der Persuasion.

Viele Wege zur peripheren Verarbeitung

Die periphere Route wird also immer dann ‚betreten‘, wenn es auf der zentralen Route zu Blockaden kommt, nämlich weil die Motivation zur Elaboration unzureichend ist (erster Schritt), die Fähigkeit zur Elaboration nicht ausreicht (zweiter Schritt), keine eindeutige Werttendenz in der Beurteilung durch Elaboration erreicht wird (dritter Schritt) oder weil trotz starker Elaboration und eindeutiger Bewertungstendenz durch die Empfängerperson kein kognitiver Strukturwandel (Speicherung im Gedächtnis) eintritt. Wenn die Empfängerperson aus einem dieser Gründe die persuasive Botschaft peripher verarbeitet, gewinnen gemäß des Fünften Postulats die peripheren Hinweisreize an Bedeutung. Hierzu zählen beispielsweise die Attraktivität oder Freundlichkeit der Kommunikatorin oder des Kommunikators, ihr oder sein Status als Expertin oder Experte oder ihre oder seine moralische Autorität. Sind solche peripheren „Cues“ in der Botschaft enthalten, verschieben sie die Einstellung der Empfängerperson ‚ein wenig‘ in die von der Absenderin oder dem Absender gewünschte Richtung. Mit ‚ein wenig‘ ist hier gemeint, dass solche Einstellungsänderungen auf der Basis peripherer Verarbeitung weniger stabil, robust und verhaltenswirksam sind als Einstellungsänderungen auf der zentralen Route. Sie können also bei nachfolgenden Persuasionsversuchen schneller wieder ‚überschrieben‘ oder ins Gegenteil verkehrt werden, und sie schlagen nicht so stark auf (z. B. Kauf- oder Entscheidungs-)Verhalten durch wie Einstellungen, die aus zentraler Informationsverarbeitung hervorgegangen sind.

Der letzte denkbare Fall im ELM ist schließlich das Betreten der peripheren Route der Persuasion, ohne dass die Botschaft periphere Hinweisreize enthält, die geeignet wären, die Einstellung der Empfängerperson günstig zu verschieben. Dann bleibt die Empfängerperson bei ihrer Ausgangseinstellung, der Persuasionsversuch ist ohne jede Wirkung an ihr abgeperlt.

Die Abbildung verdeutlicht nochmals die oben ausgeführte Wichtigkeit der peripheren Auseinandersetzung mit Persuasionsversuchen, also die geringe Elaborationsleistung. Nur wenn eine ganze Kette von Bedingungen gemeinsam erfüllt ist (Motivation, Fähigkeit zur Elaboration, Entwicklung einer eindeutigen Tendenz von positiven oder negativen Gedanken über die Botschaft), verbleibt der Persuasionsvorgang auf der zentralen Route. Ist nur eine dieser Bedingungen nicht erfüllt, so geht das ELM von einem ‚Ausweichen‘ auf die periphere Route der Persuasion aus, die zum einen keine gründliche Prüfung von Argumenten beinhaltet und zum anderen höchstens zu geringfügigen, wenig robusten Einstellungseffekten führt. Die Formallogik des ELM deutet damit bereits an, dass wegen der vielen notwendigen Bedingungen eine starke Elaboration seltener auftreten dürfte als eine schwache Elaboration. Letztere wiederum stellt das ELM gewissermaßen als das Auffangbecken für all jene Persuasionsvorgänge dar, die nicht die zentrale Route erreichen oder nicht auf der zentralen Route ‚verbleiben‘ können.

Die Metapher der zwei Routen, die Persuasionsvorgänge nehmen können, sollte Sie jedoch nicht vergessen lassen, dass das ELM keineswegs von einer Übereinstimmung dieser „zentral versus peripher"-Logik mit der Wirklichkeit ausgeht. Die Dichotomie zwischen zentraler und peripherer Verarbeitung dient lediglich dazu, Unterschiede in Persuasionsabläufen beschreibbar zu machen. In der Kommunikationswirklichkeit existiert vielmehr ein Kontinuum von mehr oder weniger Elaboration, woraus sich Folgen beispielsweise für die Bedeutung von peripheren Hinweisreizen ergeben. Diese sind nicht ‚genau dann wichtig, wenn die Elaboration schwach ist‘, wie die Abbildung es nahelegt, sondern sie werden umso wichtiger, je schwächer die Elaborationsleistung ausfällt. Umgekehrt ist eine zeitlich stabile, robuste Einstellungsänderung umso eher zu erwarten, je stärker die Elaboration der Empfängerperson ausgeprägt ist (und nicht ‚eine stabile Einstellungsänderung tritt genau dann ein, wenn die Elaboration stark ist‘).

Zwei-Prozess-Darstellung versus Logik des Kontinuums

Fallbeispiele

Als Abschluss der Auseinandersetzung mit den Grundzügen des ELM betrachten wir noch einmal das Beispiel des Unternehmers, den die Bürgermeisterin vom Bau der Fabrik in der Gemeinde überzeugen will. Der Unternehmer ist definitiv motiviert zu starker Elaboration, denn die persönliche Relevanz und die persönliche Verantwortlichkeit bei diesem Thema sind bei ihm hoch ausgeprägt (vgl. Viertes Postulat). Er ist auch fähig zu starker Elaboration, denn er hat sich intensiv mit den Rahmenbedingungen eines Fabrikneubaus befasst. Zudem wird der Unternehmer auch im Gespräch mit der Bürgermeisterin seine Fähigkeit zur Elaboration aufrechterhalten, etwa indem er sein Vorzimmerpersonal anweist, Anrufe oder sonstige Ablenkungen von ihm fernzuhalten. Hier liegt also ein klassisches Beispiel für die zentrale Route der Persuasion vor. Es kommt daher auf die Güte der von der Bürgermeisterin vorgebrachten Argumente an – ob sie periphere Hinweisreize einstreut, beispielsweise einen Präsentkorb mitbringt, ist dagegen deutlich weniger wichtig. Petty und Cacioppo (1986b) sprechen übrigens explizit an, dass das ELM keine Aussagen darüber trifft, was ein „gutes" und was ein „schlechtes" Argument ist. Unter anderem deswegen lässt sich aus einer Rekonstruktion unserer Beispielsituation kein präzises Drehbuch ableiten, nach dem die Bürgermeisterin sicher zum Persuasionserfolg kommt. Argumente, die sie für gut hält, mögen aus der kenntnisreichen Sicht des Unternehmers sehr schwach sein und umgekehrt.

Wenn die Bürgermeisterin nun sehr gute Argumente hat, entscheidet die Frage nach der Elaborationsrichtung (Sechstes Postulat) darüber, mit welcher Einstellung(sänderung) der Unternehmer voraussichtlich aus diesem Gespräch geht. Hatte er sich noch keine Meinungstendenz für oder gegen den Fabrikbau auf Gemeindegrund gebildet, leistet er also objektive Elaboration, wird sich seine Einstellung aller Wahrscheinlichkeit nach in einer aus Sicht der Bürgermeisterin günstigen Sicht entwickeln. Ist seine Elaboration jedoch negativ verzerrt, lässt der Unternehmer sich also auf die tatsächliche Stärke der Argumente nicht (gänzlich) ein und versucht stattdessen, seine aus Sicht der Bürgermeisterin eher ungünstige Voreinstellung gegen den Fabrikbau in der Gemeinde zu verteidigen, so werden auch die starken Argumente allenfalls einen geringfügigen Einstellungswandel im Sinne der Bürgermeisterin hervorrufen können. War der

Unternehmer hingegen ohnehin schon vor dem Gespräch der Ansicht, er sollte die Fabrik unbedingt auf Gemeindegrund bauen – leistet er also eine positiv verzerrte Elaboration –, so ‚rennt die Bürgermeisterin bei ihm offene Türen ein‘ und könnte mit einem weiteren substanziellen Einstellungswandel in ihrem Sinne rechnen. In jedem Fall ist aus dem ELM abzuleiten, dass etwaige Einstellungsänderungen des (verzerrt oder nicht verzerrt) stark elaborierenden Unternehmers stabil und robust sein werden (Siebtes Postulat).

Was passiert nun aber, wenn die Bürgermeisterin nur schwache Argumente für ihr Anliegen vorträgt? Die starke Elaborationsleistung des Unternehmers sorgt dann für sehr ungünstige Voraussetzungen hinsichtlich des Persuasionserfolgs. Bei nicht verzerrter Elaborationsrichtung wird der Unternehmer durch seine gründliche Prüfung der Argumente deren Schwäche erkennen und seine Einstellung zum Thema Fabrikbau in der Gemeinde nicht ändern. Bei negativ verzerrter Elaboration wird er die schlechten Argumente (die sich ja gegen seine Voreinstellung für den Fabrikbau außerhalb der Gemeinde richten) als Bestätigung seiner bestehenden Meinung betrachten, und die Bürgermeisterin hätte dann alles nur noch schlimmer gemacht. Ist der Unternehmer jedoch ohnehin auf den Bau in der Gemeinde eingestellt (positive Elaborationsverzerrung), wird er auch die schwachen Argumente wohlwollend aufnehmen, gleichwohl seine Meinung nicht so stark im Sinne der Bürgermeisterin ändern, wie wenn sie starke Argumente anzubieten hätte.

Nachdem das ELM nun vollständig beschrieben ist, können Sie sich einen besseren Reim darauf machen, warum das Bild eines schönen Apfels mit „nutrition facts" den Titel dieses Bandes ziert. Aus Sicht des ELM enthält das Foto sowohl einen peripheren Hinweisreiz (den lecker aussehenden Apfel) als auch starke Argumente (nämlich die Ernährungshinweise: Der Apfel ist gesund). Das Bild vereinigt damit Eigenschaften von persuasiven Botschaften, die gemäß des ELM je nach Elaborationsstärke ausschlaggebend für die Einstellungsbildung des Publikums sind, und zwar hier am Beispiel der Einstellung zum Verhalten „einen Apfel essen".

Außerdem ist das Foto für den Titel eines kommunikationswissenschaftlichen Lehrbuchs etwas ungewöhnlich – dadurch sollte Ihre Elaborationsstärke als *Leserin oder Leser* angehoben werden. Denn das ELM besagt ja, dass Botschaften auch die Elaborationsleistung

Ein Blick zurück auf den Titel dieses Buches

selbst beeinflussen können (Drittes Postulat). Den Apfel auf den Titel zu bringen stellt also eine ELM-basierte Persuasionsstrategie dar: Sie als mögliche Leserin oder möglicher Leser des Bandes sollten zum Nachdenken angeregt werden, wenn Sie den Band sehen. Diese gesteigerte Elaboration – das war zumindest unsere Absicht – sollte Ihre Prüfung der Argumente für oder gegen die Lektüre stimulieren und Ihre Einstellungsbildung so auf einen Pfad lenken, der für Autoren, Herausgeber und Verlag ‚günstig‘ sein könnte. Denn bei gesteigerter Elaboration sollten Sie ja gemäß des ELM die Argumente für die Lektüre gründlich abwägen und sich ergo mit größerer Treffsicherheit für ein gutes Buch entscheiden. Ob Sie den Band am Ende wirklich gut finden, ist davon natürlich unbenommen; teilen Sie uns Ihre Einstellung zum Band gerne mit.

Schaubild 7: Das ELM in englischer Sprache.

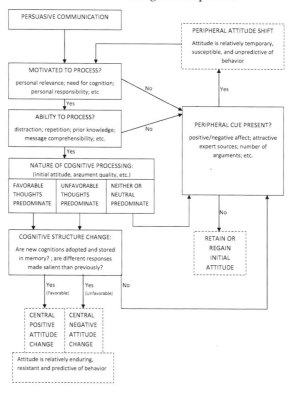

(nach Petty & Cacioppo, 1986, S. 126)

3. Entstehungsgeschichte des Ansatzes

Petty und Cacioppo waren natürlich nicht die ersten Wissenschaftler, die sich intensiv mit Fragen des Überzeugens und Überredens befasst haben. Die internationalen Hand- und Lehrbücher der Persuasionsforschung zeigen die enorme Vielfalt der Theorien zur Persuasion und die große Fülle empirischer Forschung, die es dazu gegeben hat (z. B. O'Keefe, 2016; Perloff, 2017). Das Interesse an Persuasion war schon vor den 1970er-Jahren groß gewesen; beispielsweise hatte die vielfache Nutzung von Propaganda im Zweiten Weltkrieg die Persuasionsforschung beflügelt. Gerade auch die Kommunikationswissenschaft hatte sich früh dem Thema Persuasion verschrieben. Katz und Foulkes (1962) leiteten deshalb einen für das Fach wegweisenden Artikel über Unterhaltungsforschung damit ein, dass sie eine Forschungslücke infolge der (zu starken) Konzentration auf Persuasionsforschung beklagten: „Es ist eine besonders beeindruckende Tatsache in der intellektuellen Geschichte der Sozialforschung, dass die Entscheidung gefällt wurde, die Massenmedien als Agent der Persuasion zu untersuchen anstatt als Agent der Unterhaltung" (Katz & Foulkes, 1962, S. 378, Übersetzung durch die Autoren). Insofern lagen Petty und Cacioppo die Erkenntnisse aus zahlreichen Forschungslinien aus der Psychologie und den anderen Sozialwissenschaften vor.

Akteure

Ein wichtiger Akteur war hier vor allem Carl Hovland, der an der Yale University die empirisch-systematische Persuasionsforschung begründete (Hovland, Janis & Kelley, 1953). Er hatte sich zuvor an der Erforschung von Propaganda und Militärkommunikation im Zweiten Weltkrieg beteiligt und befasste sich nun experimentell mit den Aspekten von Persuasion, die als sogenannte Moderatoren in Betracht kamen. Moderatorvariablen sind solche Merkmale, die eine Beziehung zwischen zwei anderen Merkmalen beeinflussen. Diese beiden anderen Merkmale können zum Beispiel „Kontakt zu einer persuasiven Botschaft" (ja versus nein) und „Einstellung zum in der Botschaft angesprochenen Gegenstand" (sehr negativ bis sehr positiv) sein. Eine in der frühen Persuasionsforschung häufig gestellte Frage war die nach dem direkten Zusammenhang dieser beiden Variablen: Führt der Kontakt mit der persuasiven Botschaft (also der Unterschied zwischen „ja, Kontakt war gegeben" und „nein, kein Kontakt") zu einem Unterschied in der Einstellung (z. B. zu einer positiveren Einstellung)? Weil ein so einfacher, direkter Zusammenhang – also eine direkte Wirkung der Botschaft auf die Einstellung – praktisch nie gefunden wurde, bemühte sich Hovland mit seinen Kollegen darum, die Moderatoren zu untersuchen, die diesen Zusammenhang beeinflussen. So kam er dazu, Quelleneigenschaften (z. B. macht es für die persuasive Wirkung einen Unterschied, ob die Quelle Autorität besitzt oder nicht?) systematisch zu überprüfen. Hovland kommt also der Verdienst zu, die Frage nach den Bedingungen zu stellen, unter denen sozialer Einfluss auftreten kann.

Hovlands Arbeit wurde fortgesetzt von McGuire (im Überblick: McGuire, 1989), dessen Zusammenfassung theoretischer Überlegungen in ein Matrixmodell der Persuasion mündete (vgl. Petty, Priester & Briñol, 2002, S. 160). Dieses Modell organisierte zum einen die Aspekte des Persuasionsvorgangs, die von Bedeutung sind (Quelle, Inhalt der Botschaft, Empfängereigenschaften etc.), und zum anderen die Prozessschritte, die – so die Annahme des Modells – nacheinander durchlaufen werden müssen, damit es durch Kontakt mit einer Botschaft zu einem stabilen und verhaltensrelevanten Einstellungseffekt (z. B. Einstellungswandel) kommt. Allerdings ließ sich die Vorstellung eines allgemeinen linearen Ablaufs (der mit Aufmerksamkeit für die Botschaft beginnt und Schritte wie „Verstehen" und „Überzeugtwerden" beinhaltet) nicht empirisch stützen. So kann Persuasion beispielsweise auch ohne intensive gedankliche Auseinandersetzung mit der Botschaft und auch ohne tiefes Verständnis der Botschaftsinhalte auftreten. Das Matrixmodell eignete sich daher weniger zur Erklärung der Verläufe oder Ergebnisse von Persuasion, sondern bot vielmehr eine konzeptionelle Sortierung für die weitere Theoriebildung.

Eben auf diese Grundlagen setzten Petty und Cacioppo mit der Entwicklung des ELM auf. Sie erfanden also keine neuen Begriffe oder psychologischen Kategorien, die etwas mit Persuasion zu tun haben, oder ‚entdeckten' gänzlich neuartige Vorgänge der Einstellungsbildung. Vielmehr organisierten sie die zumeist schon bekannten Aspekte von Persuasion im Rahmen des ELM in neuer, besonders eleganter Weise. Mit der Zwei-Routen-Logik war das ELM nämlich besser in der Lage, die vielfältigen und teilweise widersprüchlichen Befunde vorangegangener Studien – etwa zur Rolle der Expertise einer Quelle, die mal starke Effekte, mal schwache Effekte aufgewiesen hatte – miteinander in Einklang zu bringen. Denn wenn auf der zentralen Route verarbeitet wird, ist die Darstellung der Quelle als Expertin oder Experte weniger wichtig, als wenn auf der peripheren Route verarbeitet wird. Insofern setzte das ELM die vorangegangene Forschung und Theoriebildung zur Persuasion fort und ermöglichte durch ein neues Organisationsprinzip einen großen Schritt nach vorne. Für eine historische Einordnung des ELM in den Kontext weiterer Theorien zur Erklärung von Einstellungsveränderungen sei auf Briñol und Petty (2012) verwiesen.

4. Forschungslogik: Eine kurze Einführung in experimentelle Studiendesigns

Petty und Cacioppo haben die Annahmen, die im ELM zusammengefasst sind, in vielen Einzelstudien empirisch getestet. Dabei verlassen sie sich zumeist auf sogenannte experimentelle Forschungsanlagen. Weil die Grundkenntnis zur Funktionsweise von sozialwissenschaftlichen Experimenten wichtig für die in diesem Lehrbuch genannten Beispielstudien ist, bietet dieses Kapitel eine Kurzeinführung. Eine detailliertere Darstellung finden Sie beispielsweise bei Brosius, Haas und Koschel (2016).

Prüfung von Kausalität

Experimentelle Forschungsdesigns dienen dazu, die kausale Wirkung eines Merkmals (unabhängige Variable) auf ein anderes Merkmal (abhängige Variable) zu testen. Kausalität ist in den Sozialwissenschaften nur sehr schwer zu belegen: Woher weiß man, dass die von Herrn X gefällte Kaufentscheidung für den Schokoriegel Y durch den Werbespot Z verursacht wurde? Wie will man beweisen, dass die Nutzung gewalthaltiger Computerspiele eine Zunahme von Aggressivität bewirkt? Experimente sind ein wichtiges methodisches Werkzeug, solche Fragen nach Kausalitäten zu untersuchen.

Die wichtigste Eigenschaft von Experimenten ist dabei, dass in die Realität systematisch eingegriffen wird. Man beobachtet also nicht einfach das ‚natürliche‘ Verhalten von Menschen, sondern orientiert sich am naturwissenschaftlichen Experiment, bei dem bestimmte Zielzustände (z. B. das Zusammenbringen zweier Materialien im Reagenzglas) herbeigeführt werden, um deren Folgen (z. B. Wärmeentwicklung) zu beobachten. Entsprechend werden die Teilnehmerinnen und Teilnehmer von Experimenten mit systematisch unterschiedlichen Zielzuständen konfrontiert. Diese Zustände unterscheiden sich hinsichtlich des Merkmals, von dem die vermutete ursächliche Wirkung ausgeht (die unabhängige Variable). An den eben genannten Beispielen verdeutlicht heißt das: Die Hälfte der Versuchspersonen sieht den Werbespot für Schokoriegel Y, die andere Hälfte sieht ihn dagegen nicht und macht in der Zeit etwas anderes (z. B. Rechenaufgaben lösen). Bei der anderen Fragestellung würde das Forschungsteam die Hälfte der Teilnehmerinnen und Teilnehmer ein sehr gewalthaltiges Computerspiel nutzen lassen, zum Beispiel für 20 Minuten, während die andere Hälfte ein weniger gewalthaltiges oder vollkommen gewaltfreies Computerspiel für die gleiche Zeitspanne nutzt. Auf diese Weise entstehen Vergleichsgruppen: Die Personen, bei der man den einen Zielzustand (z. B. Konfrontation mit einem Werbespot) herbeigeführt hat, können nun verglichen werden mit den Personen, bei denen man den anderen Zielzustand hergestellt hat (z. B. keine Konfrontation mit dem Werbespot und Denksportaufgaben als Ersatztätigkeit).

Wie werden diese Vergleichsgruppen nun verglichen? Um die kausale Wirkung eines Merkmals (der unabhängigen Variable) auf ein anderes Merkmal (abhängige Variable) zu prüfen, ist es erforderlich, bei beiden Vergleichsgruppen die Ausprägung des Merkmals, das (vermutlich) beeinflusst wird, zu bestimmen. Bei allen Versuchspersonen wird also die abhängige Variable gemessen. Beispielsweise könnte man die Teilnehmer vor eine kleine Vitrine mit acht verschiedenen Schokoriegeln stellen und sie bitten, denjenigen auszuwählen, für den sie sich jetzt, in diesem Moment, entscheiden wollen. Damit könnte man die Kaufentscheidung der Teilnehmerinnen und Teilnehmer (näherungsweise) bestimmen. Im zweiten Beispiel könnte man die Probanden bitten, sich in die Lage eines Richters zu versetzen, der einen Straftäter aburteilen soll und die Länge des Gefängnisaufenthalts für eine bewiesene Untat festlegt. Eine härtere Strafe würde dann als Hinweis auf mehr aggressive Gedanken bei einer Versuchsperson hindeuten, eine mildere Strafe dagegen als Indiz für weniger aggressives Denken. Entscheidend für das Experiment ist, dass alle Versuchspersonen – unabhängig davon, welcher Zielzustand für sie hinsichtlich der unabhängigen Variable hergestellt worden ist – das gleiche Messverfahren zur Bestimmung der abhängigen Variable (Kaufentscheidung; Aggressivität) durchlaufen. Denn dann kann man die zuvor hergestellten Vergleichsgruppen in Bezug auf die abhängige Variable tatsächlich vergleichen.

Logik des Gruppenvergleichs

Die Logik des Experiments besagt nun, dass eine kausale Wirkung der unabhängigen Variable auf die abhängige Variable dann besteht, wenn der herbeigeführte Unterschied in der unabhängigen Variable (z. B. „Werbespot gezeigt" versus „Werbespot nicht gezeigt") auch einen Unterschied in der abhängigen Variable (z. B. Kaufentscheidung für Schokoriegel Y) nach sich zieht. Denn dann ist es für die abhängige Variable (Kaufverhalten; Aggressivität) von Bedeutung, welche Ausprägung der unabhängigen Variable (Konfrontation mit dem Werbespot: ja / nein; Nutzung eines gewalthaltigen oder gewaltfreien Computerspiels) vorgelegen hat. Unterscheiden sich jedoch die hergestellten Vergleichsgruppen in der abhängigen Variable nicht voneinander, muss die Annahme einer Verursachung der abhängigen Variable durch die unabhängige Variable fallen gelassen werden. Wenn also das Kaufverhalten derjenigen Teilnehmer, die den Werbespot gesehen haben, genauso ausfällt wie das Kaufverhalten der Vergleichsgruppe, die den Spot nicht gesehen hat, macht der Kontakt mit dem Werbespot offenkundig keinen Unterschied für das Kaufverhalten danach. Wenn sich Spieler eines gewalthaltigen und eines gewaltfreien Computerspiels im Anschluss gleichermaßen aggressiv zeigen würden, wäre das Ausmaß der Gewalt im Spiel nicht bedeutsam für das nachfolgende Ausmaß der Aggressivität. Auf den Unterschied kommt es also an: Wenn sich die hergestellten Vergleichsgruppen in der abhängigen Variable unterscheiden, ist damit eine kausale Einflussnahme der unabhängigen Variablen auf die abhängige Variable demonstriert. Unterscheiden sich die Vergleichsgruppen jedoch nicht in der abhängigen Variable (z. B. Kaufverhalten, Aggressivität), muss davon ausgegangen werden, dass die angenommene Kausalität nicht vorliegt.

Ausschluss alternativer Erklärungen

Eine wichtige Ergänzung ist noch notwendig, damit diese auf der Herstellung von Vergleichsgruppen und der Suche nach Gruppenunterschieden beruhende Kausalitätsprüfung funktioniert. Denn es muss ausgeschlossen werden, dass Unterschiede in der abhängigen Variablen (z. B. dem Kaufverhalten an der Schokoriegel-Vitrine) auf andere Faktoren zurückgehen als denjenigen, der zuvor als experimenteller Zielzustand systematisch variiert wurde. Es darf also nicht sein, dass die Personen, die den Werbespot gesehen haben, sich häufiger für Schokoriegel Y entscheiden als die Personen, denen der Spot nicht gezeigt wurde, weil beispielsweise nur Männer in der Gruppe mit dem Zielzustand „Spot gesehen" waren, in der Gruppe mit dem Zielzustand „Spot nicht gesehen" jedoch überwiegend Frauen vertreten waren. Das Geschlecht der Versuchspersonen könnte ja einen Unterschied in der Präferenz für Schokoriegel machen. Dieser kausale Einfluss würde aber im Fall, dass nur Männer im Experiment den Spot gesehen haben, aber fast nur Frauen in der Vergleichsgruppe waren, dazu führen, dass es im Kaufverhalten einen Unterschied zwischen den Vergleichsgruppen gibt, der nicht auf die systematisch hergestellten Zustandsunterschiede („Spot gesehen" und „Spot nicht gesehen") zurückgeht. Solche Störfaktoren müssen daher im Experiment ausgeschlossen werden, damit Gruppenunterschiede in der abhängigen Variablen tatsächlich nur von der unabhängigen Variable bedingt werden können.

Zum Ausschluss von Störfaktoren gibt es in der Experimentalforschung verschiedene Techniken. Die wichtigste davon ist die sogenannte Randomisierung, die zufällige Verteilung der Versuchspersonen auf die experimentellen Vergleichsgruppen. Die Liste derjenigen Personen, die sich bereit erklärt haben, am Experiment teilzunehmen, werden zum Beispiel durch Würfeln entweder der Gruppe zugewiesen, die den Werbespot sieht oder in die Vergleichsgruppe ohne Präsentation des Werbespots ‚gesteckt'. Den Teilnehmerinnen und Teilnehmern wird das Ergebnis dieser Zulosung in der Regel nicht vorab erläutert, um ihr Verhalten nicht künstlich zu verzerren. Der Grundgedanke bei der zufälligen Verteilung der Versuchspersonen auf die systematisch variierten Zielzustände der unabhängigen Variablen ist, dass der Zufall für eine gleichmäßige Verteilung aller denkbaren Störfaktoren in den Vergleichsgruppen sorgen wird. Für das Beispielexperiment zum Kaufverhalten bei Schokoriegeln mögen sich 120 Studierende freiwillige gemeldet haben, 80 von ihnen sind männlich. Der Zufall bei der Bildung der beiden Vergleichsgruppen sollte nun dafür sorgen, dass sich das Verhältnis von Frauen zu Männern in beiden Gruppen ungefähr gleich darstellt, also in jeder der beiden Gruppen ungefähr 40 Männer und 20 Frauen vertreten sind. So würde die Randomisierung verhindern, dass es zu schwerwiegenden Verzerrungen wie dem oben beschriebenen Fall kommt, wonach in einer Vergleichsgruppe nur Männer, in der anderen Vergleichsgruppe aber fast nur Frauen vorhanden sind. Die Randomisierung erledigt praktischerweise dieses Problem für alle denkbaren Störfaktoren gleichzeitig, sorgt also (bei ausreichend großer Anzahl der Versuchspersonen) für eine relativ ausgewogene Verteilung auch anderer denkbarer Störfaktoren wie Bildungsniveau, Stimmungslage, Lesekompetenz oder Vorliebe für Vollmilchschokolade.

Besonders wichtig dabei ist, dass dieser ausgleichende Effekt der Randomisierung auch für solche Störfaktoren anzunehmen ist, die dem Forschungsteam gar nicht bekannt sind. Oftmals weiß man ja nicht, welche Faktoren jenseits der im Interesse der Wissenschaft liegenden unabhängigen Variable noch eine Rolle beim Zustandekommen der abhängigen Variablen spielen. Dank der Randomisierung muss man auch nicht alle diese (potenziellen) Störfaktoren kennen; ihr Einfluss wird durch die zufällige Verteilung der Versuchspersonen auf die Vergleichsgruppen auch dann neutralisiert, wenn sie dem Forschungsteam inhaltlich nicht bekannt sind. Wenn also die Randomisierung (und ggf. weitere Techniken zum Ausschluss von Störfaktoren) in einem Experiment angewendet worden ist (sind), können gemessene Gruppenunterschiede in der abhängigen Variablen (z. B. Kaufverhalten; Aggressivität) mit Sicherheit auf die unabhängige Variable und deren systematische Variation zurückgeführt werden. Unter diesen Umständen kann ein sozialwissenschaftliches Experiment dann eine kausale Wirkung eines Merkmals auf ein anderes Merkmal empirisch nachweisen.

Petty und Cacioppo haben sich bei der Entwicklung des ELM vorwiegend auf experimentelle Forschung gestützt. Ihre Annahmen, wie die am Persuasionsprozess beteiligten Faktoren zusammenspielen, haben sie mithilfe experimenteller Studien überprüft. Diese sind zumeist deutlich komplizierter aufgebaut als die hier beschriebenen Beispielexperimente; insbesondere die Anzahl der Vergleichsgruppen, auf die die Versuchspersonen per Zufall verteilt wurden, ist deutlich größer und erlaubt damit die Identifikation komplexer Wirkungszusammenhänge.

Verfahren

So wurde beispielsweise eine Studie durchgeführt, die die kausalen Wirkungen der Merkmale „Argumentstärke eines Persuasionsversuchs" und „Ablenkung der Rezipientinnen und Rezipienten" gleichzeitig testen sollte (Petty, Wells & Brock, 1976, Studie 1). Sie ist aus der Sicht der ELM-Logik damit hauptsächlich dem Vierten Postulat zuzuordnen (vgl. Abschnitt 2.6). Die Teilnehmerinnen und Teilnehmer waren Studierende einer Universität. Sie wurden mit einem Text konfrontiert, der für die Anhebung der Studiengebühren argumentierte. Die erste unabhängige Variable (Argumentstärke) wurde in zwei systematisch unterschiedlichen Zielzuständen hergestellt, indem der Text für die eine Hälfte der Versuchspersonen fünf zuvor als sehr stark ermittelte Argumente enthielt (erste Vergleichsgruppe, Ausprägung der Argumentstärke „hoch") oder aber fünf zuvor als sehr schwach ermittelte Argumente vorbrachte (zweite Vergleichsgruppe, Ausprägung der Argumentstärke „niedrig"). Um nun auch die Wirkung des Faktors „Ablenkung" systematisch zu testen, wurde die eine Hälfte der Probanden gebeten, während der Lektüre des Textes über Studiengebühren noch eine Nebenaufgabe zu erfüllen. Dazu flackerte auf einem Bildschirm am Tisch der Versuchsperson hin und wieder das Zeichen X auf. Die Versuchspersonen sollten dann jedes Mal auf einem Zettel markieren, wo auf dem Bildschirm das Zeichen aufgetaucht war. Diese Aufgabe hatte inhaltlich keinerlei Bedeutung, sondern diente allein dazu, die Versuchspersonen gründlich und nachhaltig bei der Lektüre des Textes abzulenken. Sie wurde wie gesagt für die Hälfte der Teilnehmer angewendet (Vergleichsgruppe mit der Ausprägung „Ablenkung stark"); die andere Hälfte konnte den Text über die Studiengebühren durchlesen, ohne dabei gestört zu werden (Vergleichsgruppe mit der Ausprägung „Ablenkung schwach"). Aus dieser Logik ergibt sich, dass die Teilnehmerinnen und Teilnehmer auf vier verschiedene Vergleichsgruppen verteilt wurden (Schaubild 8):

Schaubild 8: Verteilungsplan der Versuchspersonen in der Beispielstudie von Petty, Wells und Brock (1976, Studie 1)

	Ablenkung schwach	Ablenkung stark
Argumentstärke niedrig	1/4 der Versuchspersonen	1/4 der Versuchspersonen
Argumentstärke hoch	1/4 der Versuchspersonen	1/4 der Versuchspersonen

Die Versuchspersonen wurden also wie folgt verteilt.

- ein Viertel der Teilnehmerinnen und Teilnehmer las den Text mit starken Argumenten und wurde dabei nicht abgelenkt (Argumentstärke hoch, Ablenkung schwach);
- ein Viertel las den Text mit starken Argumenten und wurde durch die Nebenaufgabe dabei abgelenkt (Argumentstärke hoch, Ablenkung stark);
- ein Viertel las den Text mit schwachen Argumenten und wurde dabei nicht abgelenkt (Argumentstärke niedrig, Ablenkung schwach), und
- ein Viertel las den Text mit schwachen Argumenten und wurde dabei durch die Nebenaufgabe abgelenkt (Argumentstärke niedrig, Ablenkung stark).

Nach dem Durchlaufen von einem dieser vier Zielzustände füllten die Probandinnen und Probanden einen Fragebogen aus, bei dem es (auch) um die Einstellung gegenüber einer Erhöhung der Studiengebühren ging; damit konnte also die Überzeugungswirkung des zuvor dargebotenen Textes bestimmt werden. Die Ergebnisse bestätigen die aus dem ELM abgeleitete Annahme, dass Ablenkung (in der Logik des ELM eine künstlich herbeigeführte Absenkung der Elaborationsstärke) bei einem Persuasionsversuch mit starken Argumenten anders wirkt als bei einem Persuasionsversuch mit schwachen Argumenten. Bei starken Argumenten reduziert Ablenkung die Überzeugungskraft des Persuasionsversuchs, während bei schwachen Argumenten die Überzeugungskraft eher zunimmt. Das tatsächliche Design dieser Studie war übrigens noch komplizierter als hier dargestellt, weil das Ausmaß der Ablenkung bei der Lektüre des Texts in mehreren Stufen variiert wurde und nicht bloß in die Zielzustände „starke" und „schwache Ablenkung" überführt wurde. Für das prinzipielle Verständnis experimenteller Studien im Kontext der ELM-Forschung soll diese verkürzte Illustration jedoch ausreichen.

Experimente können also prüfen, ob bestimmte Merkmale im Persuasionsprozess – Eigenschaften der Botschaft, Eigenschaften der Situation oder Eigenschaften der Rezipientinnen und Rezipienten – eine kausale Wirkung auf persuasionsrelevante andere Merkmale ausüben, etwa auf das Ausmaß der Elaboration während der Verarbeitung der Botschaft oder auf die Einstellungsrichtung und -stärke nach dem Persuasionsversuch.

5. Empirische Befunde und Anwendungsfelder: Bezüge des ELM zur Massenkommunikation

Wie Sie unter anderem an den bisher betrachteten Beispielen erkannt haben, verstehen Petty und Cacioppo das ELM als ein universales Modell der Persuasion. Es ist nicht beschränkt auf die Beschreibung und Erklärung von Überzeugungsversuchen unter bestimmten Bedingungen (z. B. nur bei Erwachsenen, nur in Demokratien, nur bei persönlichen Gesprächen). Allerdings ist es auch und gerade interessant für die wissenschaftliche Untersuchung und praktische Durchführung von Überzeugungskommunikation, die in den Massenmedien stattfindet. Damit ist in erster Linie die Werbung angesprochen, die auch im Mittelpunkt der nachfolgenden Überlegungen steht (vgl. Abschnitt 5.1). Darüber hinaus bestehen aber weitere Anwendungsmöglichkeiten für das ELM in der Kommunikationswissenschaft – etwa im Bereich der Gesundheitskommunikation oder der Nachrichtenrezeption –, auf die wir abschließend kurz eingehen (vgl. Abschnitt 5.2).

Vielfältiger Nutzen des ELM im Kontext der Medien

5.1. Persuasion mit Medien: Werbung

Angesichts der vielfältigen und zeitintensiven Mediennutzung in vielen Ländern der Erde sind auch sehr viele Menschen täglich zahlreichen Persuasionsversuchen in der Medienkommunikation ausgesetzt, insbesondere in Form von Werbung. Werbung wird heutzutage über sehr verschiedene Trägermedien verbreitet – in Zeitungen und Zeitschriften, auf Plakaten, als Radiospots, als TV-Unterbrecherwerbung, als Werbespots auf YouTube, „Sonderwerbeform" am Rand des Bildschirms oder in „Bannern" am Rand von Websites, um einige unter diesen Werbeträgern zu nennen. Einführungen in die Werbekommunikation finden Sie beispielsweise bei Kloss (2012) sowie Siegert und Brecheis (2017).

Neben Werbung gibt es noch andere Erscheinungsformen massenmedial verbreiteter Beeinflussungsversuche. ‚Öffentlichkeitsarbeit' gehört dazu; im politischen Bereich gehört dazu auch jeder Talkshow-Auftritt von Amtsträgerinnen und -trägern, im wirtschaftlichen Bereich jedes zitierte (oder wenigstens: zitierfähige) Statement von Unternehmenssprecherinnen und -sprechern. Auch für diese Fälle ließe sich das ELM anwenden, doch bezieht sich die auf Massenkommunikation bezogene Anwendungsliteratur zum ELM hauptsächlich auf Werbung. Einige besonders interessante Studien zum ELM sind denn auch im Zusammenhang mit Anzeigen oder anderen Werbearten durchgeführt und publiziert worden (z. B. Petty, Cacioppo & Schumann, 1983; Cacioppo & Petty, 1985), und nicht umsonst hat dieses Lehrbuch einige seiner grundlegenden Beispiele aus dem Bereich medialer Werbung entnommen.

Petty, Priester und Briñol (2002) haben das ELM systematisch auf Fragen der Medienkommunikation angewendet und eine ganze Reihe von Perspektiven erarbeitet, die für die wissenschaftliche Rekonstruktion der Persuasionsfähigkeit der Massenmedien relevant sind. Demnach sind Eigenschaften der Massenmedien, die einen Persuasionsversuch kommunizieren, auf allen Stufen des Elaborationsprozesses relevant. Die Tatsache, dass eine Botschaft über ein Massenmedium bei der Empfängerin oder dem Empfänger eintrifft und nicht etwa von einer Gesprächspartnerin oder einem Gesprächspartner oder einem Brief ausgeht, besitzt demnach zahlreiche Bezüge zum Ablauf des Verarbeitungsprozesses, insbesondere der Elaborationsstärke und -richtung. In diesem Einführungsband können nicht alle diese Bezüge vollständig ausgearbeitet werden. Dazu sei auf das Kapitel von Petty, Priester und Briñol (2002) sowie eine aktualisierte Fassung von Petty, Briñol und Priester (2009) verwiesen. Vielmehr sollen einige anwendungsorientierte Perspektiven im Mittelpunkt stehen, die sich aus der Anwendung des ELM ergeben und die für die Planung und Untersuchung von Persuasion durch Medienwerbung von entscheidender Bedeutung sind.

5.1.1. Das ELM und die Werbeplanung: Bescheidene Werbeziele setzen!

Der Traum jedes Werbetreibenden ist es, mit geringem Aufwand eine große Zahl von Menschen für sein Produkt oder seine Dienstleistung derart einzunehmen, dass sie postwendend zum Kaufakt schreiten – also eine maximale Beeinflussung der Einstellung im Sinne des Anbieters. Übersetzt in die Logik des ELM würde dieser Traum also eine massenhaft auftretende „cognitive structure change", eine nachhaltige und stark verhaltensrelevante Einstellungsänderung zugunsten des beworbenen Produkts sein (vgl. dazu Schaubild 6, Abschnitt 2.10). Beschäftigt man sich mit dem ELM, so wird sehr schnell deutlich, dass dieser Traum so gut wie immer ein Traum bleiben muss: Zu viele Prozessschritte, zu viele Hindernisse müssen durchlaufen werden, bevor ein Persuasionsversuch (hier: eine Medienwerbung) solch einen Einstellungswandel herbeiführen könnte. Ein hohes Maß an Elaboration ist dafür unerlässlich und dieses hohe Maß lässt sich aufgrund der vielen Unterschiede zwischen den Menschen nicht ohne Weiteres bei großen Zahlen von Botschaftsempfängerinnen und -empfängern voraussetzen oder herbeiführen. Gleichwohl können die Massenmedien natürlich sehr viel mehr Menschen mit einer Werbebotschaft in

Kontakt bringen, als es beispielsweise die Mitarbeiterinnen und Mitarbeiter eines Unternehmens in persönlichen Gesprächen vermögen. Dass eine „gut gemachte" Werbung jedoch bei vielen Mediennutzerinnen und -nutzern einen durchschlagenden Effekt im Sinne eines „cognitive structure change" herbeiführen kann, muss nach den Annahmen des ELM (und den zugehörigen empirischen Befunden) fast gänzlich ausgeschlossen werden.

Konkret besteht erstens das ‚Problem' bei der Verwirklichung des Werber-Traums in der Unmöglichkeit, flächendeckend eine starke Elaborationsleistung des Medienpublikums zu erreichen. Nur ein kleiner Teil des jeweils erreichbaren Publikums – in einem Kinosaal, vor dem Fernseher, am Autoradio, vor dem Computer – bringt die persönlichen (z. B. Involvement, persönliche Verantwortung) und situativen Voraussetzungen (z. B. Aufmerksamkeit) mit, die eine starke Elaboration der Werbebotschaft verlangen würde. Viele Empfängerinnen und Empfänger interessieren sich schlicht nicht für ein neues Duschgel, finden Smartphones langweilig oder können eine bestimmte Band schon lange nicht mehr hören. Nur wenige der vielen Empfängerinnen und Empfänger medialer Werbung werden also eine hohe Elaborationsleistung an den Tag legen. Viele werden sogar jegliche Elaboration verweigern und die Nutzung des werbetragenden Mediums einfach abbrechen, sobald die unliebsame Werbung erscheint (z. B. durch „Zapping" als Vermeidung von TV-Unterbrecherwerbung, vgl. Siddarth & Chattopadhyay, 1998; Bilandzic, 2004). Dieses Problem können Werbetreibende insofern begrenzen, als sie vorwiegend solche werbetragenden Medien als Kanäle ihrer Botschaft nutzen, mit denen hauptsächlich oder ausschließlich Personen und/oder Situationen mit hoher Elaborationswahrscheinlichkeit erreicht werden. Für einen Weinhändler bietet es sich beispielsweise an, seine Werbung in einem Fachmagazin für Wein zu schalten; hier sind praktisch ausschließlich Personen die Empfängerinnen und Empfänger, die sich für Wein interessieren, Vorwissen über Wein mitbringen und aufgrund des hohen Kaufpreises den Inhalt des Magazins aufmerksam studieren – beste Voraussetzungen also für eine starke Elaborationsleistung bei einem Großteil des Publikums.

Schwache Elaboration ist der Regelfall

Eine Extremform dieser Fokussierung auf elaborationsfähige Zielgruppen oder -personen stellt das sogenannte Keyword Advertising dar, mit dem Internet-Suchmaschinen wie „Google" ihr Geld verdienen (vgl. Lammenett, 2019; Röhle, 2007). Der Inhalt der abgeschickten Suchanfrage dient hier als Information darüber, wofür sich eine Nutzerperson in der aktuellen Situation interessiert, wofür er also in der gegebenen Situation die maximale Elaborationswahrscheinlichkeit aufweist. Wer den Namen einer Automobilmarke als Suchbegriff eingibt, ist demnach elaborationsfähig und -bereit in Bezug auf Autos. Wer den Namen einer Schauspielerin eingibt, bekundet damit Involvement für (bestimmte) Filme oder Theatervorführungen. Solche Informationen nutzt das System des Keyword Advertising, um jeder Nutzerin und jedem Nutzer genau solche Werbung zu präsentieren, für die (im Moment) ein hohes Maß an Elaborationswahrscheinlichkeit besteht. Die semantische Nähe zwischen eingegebenem Suchbegriff und eingeblendeter Werbung senkt damit die gefürchteten „Streuverluste" – das massenhafte Ausliefern von Werbebotschaften an Menschen, die sich nicht für die Werbung interessieren beziehungsweise sie nicht elaborieren werden – auf einen Wert nahe null.

Wettbewerb um
Aufmerksamkeit

Aber auch mit solchen Fokussierungstechniken kann es Werbetreibenden nur in engen Grenzen gelingen, die Elaborationsstärke ihres erreichten Publikums zu maximieren. Schuld daran ist vor allem der intensive Kommunikationswettbewerb im Werbebereich, der zu einer massiven Überflutung der Konsumentinnen und Konsumenten mit Werbebotschaften führt (z. B. Schierl, 2001). Selbst die Personen, die gute Voraussetzungen für die Elaboration einer gegebenen Werbebotschaft mitbringen, sind an einem gewöhnlichen Tag noch sehr vielen anderen Werbebotschaften ausgesetzt. Eine einzelne Werbebotschaft reiht sich aus Sicht der Empfängerinnen und Empfänger also ein in einen schier endlosen Strom von Persuasionsversuchen, so dass sie selbst bei hohem Involvement nicht zwangsläufig in starke Elaboration münden muss. Anders formuliert: Die Vielfalt der werbetreibenden Unternehmen und Organisationen und die riesige Menge der von ihnen verbreiteten Werbebotschaften verhindern, dass einzelne Botschaften ein besonderes Wirkungspotenzial im Sinne flächendeckender Elaborationssteigerung erreichen können.

Kritische Haltung
Hochinvolvierter

Das zweite große Problem bei der Verwirklichung des Werber-Traums besteht nach dem ELM darin, dass es unter der Bedingung starker Elaboration relativ unwahrscheinlich ist, überhaupt die Einstellung des Publikums zu beeinflussen. Denn wer stark elaboriert, setzt sich eben auch kritisch mit den gelieferten Argumenten auseinander – es sei denn, er verzerrt wohlwollend die Elaboration positiv, aber solche Personen sind zumeist eh schon begeisterte Kunden und daher ‚nicht das Problem' für Werbetreibende. Zudem besitzen Personen mit starker Elaborationsleistung umfassendes Vorwissen und Urteilsfähigkeit, so dass es sehr guter Argumente bedarf, um die gewünschte Einstellungsänderung zu bewirken. Und viele werbetragende Medien sind kaum in der Lage, die guten Argumente in angemessener Weise vorzustellen, so dass sie stark elaborierende Zielpersonen nach eingehender Prüfung überzeugen könnten. Ein Werbespot, der beispielsweise Automobilexpertinnen und -experten von den Vorzügen eines neuen Kurvenlichts wirklich kraft der Argumente (und nicht einfach durch ein Video einer spektakulären nächtlichen Kurvenfahrt) überzeugen soll, wäre kaum zu bezahlen, weil er sehr viel teure Sendezeit benötigen würde.

Große Hürden stehen also nach der Ablauflogik des ELM einem breiten (viele Menschen betreffenden) und tiefen (verhaltensrelevanten) Einstellungseffekt von Medienwerbung entgegen. Es ist demnach sinnvoll, die Ziele, die man mit einer Werbekampagne verfolgt, eher bescheiden zu formulieren: Nachhaltige Einstellungseffekte sind nicht das, was Medienwerbung in erster Linie und kurzfristig zu erreichen imstande ist. Gerade vor dem Hintergrund des massiven Wettbewerbs um die Elaborationsleistung der Konsumentinnen und Konsumenten ist es in vielen Fällen realistischer, sich zunächst auf die Herstellung von Werbekontakten und die Übermittlung von peripheren Hinweisreizen zu konzentrieren – damit wäre das Ziel nachhaltiger Einstellungsänderungen nicht mehr von Bedeutung, sondern Wissen (Bekanntheit von Marken und Produkten) und kurzfristige, oberflächliche Einstellungsänderungen rücken in den Mittelpunkt des Zielsystems. Interessanterweise hat Herbert Krugman genau diese Bedeutung speziell von Fernsehwerbung bereits 1965 hervorgehoben – seine Vorstellungen von „Learning without Involvement" finden sich in der peripheren Route des ELM in nahezu identischer Weise wieder. Längerfristig können Werbetreibende auf diese bescheidenen Effekte aufsetzen und, wiederum unter Zuhilfenahme des ELM, stärkere Werbewirkungen wie zum Beispiel gut verankerte Markennamen erreichen. Zugleich bietet das ELM eine Reihe von prozessorientierten Taktiken, mit denen sich – unter der Rahmenbedingung ohnehin nur begrenzter erreichbarer Effekte – die Persuasionskraft von Medienwerbung verbessern lässt. Sie werden im Folgenden erläutert.

Chancen der peripheren Route nutzen

5.1.2. Der Nutzen von Wiederholungen

Moderne Werbekampagnen planen den Mehrfachkontakt mit den Mitgliedern der Zielgruppe systematisch ein. Oftmals erfolgt diese Strategie aus dem einfachen Kalkül heraus, durch eine starke Präsenz das Bewusstsein der Konsumentinnen und Konsumenten von der eigenen Marke einnehmen zu lassen und demgegenüber die Konkurrenz verblassen zu lassen. Dieses Vorgehen deckt sich konzeptionell am ehesten mit dem kognitionspsychologischen Ansatz des Priming, also dem Beeinflussen der für die momentane Informationsverarbeitung verfügbaren Gedanken und Konzepte (vgl. Peter, 2002).

Steigerung der
Elaborationsstärke

Das ELM bietet die Möglichkeit, den Nutzen (und die Gefahren) von wiederholten Kontakten mit einer Werbebotschaft genauer zu beschreiben. Denn gemäß dem Vierten Postulat (vgl. Abschnitt 2.6) hebt eine mäßige Anzahl von Wiederholungen die Chance auf intensive gedankliche Auseinandersetzung an. Wer ein gutes, aber kompliziertes Argument an drei aufeinander folgenden Tagen in großen Anzeigen seiner Tageszeitung vorfindet, weist gemäß dem ELM eine höhere Elaborationswahrscheinlichkeit auf als jemand, der das gleiche komplizierte Argument nur einmal zu Gesicht bekommen hat. Über einfache Priming-Effekte hinaus leistet Wiederholung also einen Beitrag zur Persuasionswahrscheinlichkeit, indem sie die gedankliche Auseinandersetzung fördert und die Güte von Argumenten erkennbarer werden lässt. Mediastrategien, die auf mehrere Kampagnenkontakte pro Zielperson ausgelegt sind (beispielsweise über zwei Monate ganzseitige Anzeigen in den großen Sonntagszeitungen erscheinen lassen), finden also eine konzeptionelle Rechtfertigung im ELM. Dies gilt insbesondere für Zielpersonen mit geringer A-priori-Elaborationswahrscheinlichkeit: Bei ihnen lassen sich durch Wiederholungen nennenswerte Steigerungen der gedanklichen Auseinandersetzung erwarten. Personen mit einer hohen Elaborationsstärke dagegen – etwa Leserinnen, die sich mit dem beworbenen Produkt bereits sehr gut auskennen – werden durch mehrere Wiederholungen identischer Argumente eher abgeschreckt (Petty, Priester & Briñol, 2002, S. 176).

Zu viele Wiederholungen als
Gefahr

Dem Nutzen von Wiederholungen im Sinne gesteigerter Elaborationswahrscheinlichkeiten stellt das ELM das Risiko zu vieler Werbekontakte gegenüber: Dann erreicht die Werbung einen ‚Nerv-Faktor' und erzeugt kontraproduktive Effekte wie Produktablehnung und ramponiertes Markenimage. In der Praxisliteratur wird hier von „wear out"-Effekten gesprochen (z. B. Craig, Sternthal & Leavitt, 1976). Das ELM qualifiziert diese nicht gewünschten Effekte zu häufiger Werbewiederholungen dahingehend, dass bei geringer Elaborationsstärke die negative emotionale Reaktion („Schon wieder die!") als peripherer Hinweisreiz fungiert, der dann die Einstellung weg von der gewünschten Richtung bewegt. Unter der Bedingung starker Elaboration ist dieses Problem in geringerem Umfang gegeben; es kann jedoch passieren, dass stark elaborierende Empfängerinnen und Empfänger in der massiven Wiederholung des gleichen Arguments einen Hinweis darauf sehen, dass es mehr gute Argumente für ein Produkt oder eine Marke wohl nicht gibt. Die intensive Wiederholung der Botschaft könnte dann zu einer kritischeren Elaboration führen, wodurch sich ebenfalls ungünstige persuasive Wirkungen einstellen. Schumann, Petty und Clemons (1990) schlussfolgern auf der Basis einer empirischen Studie, dass es in jedem Fall günstig für Werbetreibende ist, massive Wiederholungen der identischen Botschaft zu verhindern und stattdessen Variationen der Botschaft herzustellen: Hoch involvierte Zielpersonen sollten dabei regelmäßig neue gute Argumente erfahren (Variation auf der Ebene der Argumente), niedrig involvierte Zielpersonen dagegen sollten mit den gleichen Argumenten, jedoch abwechselnden positiven peripheren Hinweisreizen angesprochen werden.

5.1.3. Angepasste Ansprachestrategien für unterschiedliche Zielgruppen

Die Beschreibung der anzusprechenden Zielgruppe gehört seit jeher zum Handwerk der Werbepraxis. Früher wurden solche Zielgruppen primär nach demographischen Kriterien (zum Beispiel Alter: 14 bis 49 Jahre) abgegrenzt; diese Herangehensweise wird heute kritischer gesehen (z. B. Müller, 2008) und durch wesentlich ausgefeiltere Systeme (z. B. Typologien von Konsumentinnen und Konsumenten wie die „Sinus Milieus", vgl. www.sociovision.de) ergänzt. Jenseits der empirischen Beschreibung von Zielgruppen (z. B. Wie leben meine Zielpersonen? Wofür interessieren sie sich? Welche Werte sind ihnen wichtig?) identifiziert das ELM nun eine Reihe von Personenmerkmalen, die wichtig für den Informationsverarbeitungsprozess beim Kontakt mit einer persuasiven Botschaft sind. Mit diesem Wissen lassen sich Werbekampagnen insofern genauer planen, dass verschiedene Zielgruppen auf unterschiedliche Art und Weise angesprochen werden können, so dass Form und Inhalt der jeweiligen Botschaft ‚optimal' der Elaborationswahrscheinlichkeit der Zielpersonen entsprechen. Ein Beispiel wurde eben bereits mit Blick auf Variationen zwischen verschiedenen Motiven einer Kampagne genannt: Hoch involvierte Zielpersonen sollten eher mit verschiedenen Argumenten, niedrig involvierte Personen eher mit verschiedenen peripheren Hinweisreizen konfrontiert werden.

Der Aspekt der zielgruppenangepassten Inhaltsgestaltung lässt sich jedoch noch weiter fassen. Denn das ELM strukturiert die Gründe, warum Menschen zu mehr oder weniger Elaboration einer Werbebotschaft neigen könnten. Top-Managerinnen und -Manager sind ein gutes Beispiel. Aufgrund ihrer permanenten beruflichen Überlastung sind oftmals situative Gründe dafür verantwortlich, dass sie Werbebotschaften nicht elaborieren können, selbst wenn sie es wollten. Solche situativen Barrieren der Elaborationsstärke können Werbetrei-

Zielgruppen auch nach ELM-Logik psychologisch beschreiben

bende, zum Beispiel Anbieter von Luxuskreuzfahrten, inhaltlich berücksichtigen, indem sie ihre Werbebotschaft spezifisch anpassen; für andere Zielgruppen (z. B. vermögende Pensionärinnen und Pensionäre, die auch gerne Kreuzfahrten machen, aber im Gegensatz zu Top-Managerinnen und -Managern sehr viel Zeit zur Elaboration entsprechender Werbung haben) können sie ihren Fokus eher auf andere Barrieren der Elaboration richten. Damit kann das ELM helfen, die traditionell auf die Beschreibung von Personengruppen konzentrierte Zielgruppenstrategie der Werbepraxis um das Element der Beschreibung von typischen Informationsverarbeitungsprozessen zu erweitern. So ergeben sich neue Werkzeuge, um aus der Vielzahl der Gestaltungsmöglichkeiten medialer Werbung persuasionskräftigere Varianten von weniger aussichtsreichen Optionen zu unterscheiden.

5.1.4. Systematische Auswahl von Werbeinhalten

Eine der Hauptaufgaben für Werbetreibende und ihre Dienstleister, die Agenturen, ist die Erarbeitung der Botschaftsinhalte, mit denen Konsumentinnen und Konsumenten überzeugt werden sollen. Aufgrund der Vielzahl der Kanäle und der digitalen Produktionsmöglichkeiten sind dabei kaum noch Machbarkeitsgrenzen zu beachten – vom traditionellen schwarz-weißen Plakat bis zu Computeranimationen können 'die Werber' heute jede Idee in echte verbreitungsfähige Medienbotschaften umsetzen. Doch stellen sich gerade deshalb die Fragen „Was" und „Wie Kommunizieren" mit besonderer Dringlichkeit.

Wahl von Argumenten oder Hinweisreizen gezielt treffen

Für ein „fast moving consumer good" beispielsweise – ein Produkt des täglichen Bedarfs, dem die meisten Menschen nur geringes Involvement entgegenbringen – könnten Werbetreibende eine Vielzahl von Wegen finden, es ihren Käufern (und Nicht-Käufern) näherzubringen. Das ELM hält keine erfolgsgarantierenden Musterlösungen für solche Design-Aufgaben bereit, und es kann auch den notwendigen Prozess der Kreation in der Werbung nicht ersetzen oder überflüssig machen. Das Modell kann jedoch helfen, die Bestimmung der Inhaltsstrategie in systematischer Form ablaufen zu lassen: Gemäß dem Dritten Postulat (vgl. Abschnitt 2.5) gibt es drei Arten, wie Botschaften einen Persuasionsprozess beeinflussen können: mithilfe von Argumenten (die mehr oder weniger stark sein können), mithilfe peripherer Hinweisreize (die mehr oder weniger günstig wirken können) sowie durch die Beeinflussung der Elaborationsstärke und -richtung. Diese Dreiteilung können sich Werbetreibende zunutze machen, um in geordneter Form zu entscheiden, wie der Werbeinhalt konzipiert werden soll: Welche (vermeintlich) guten Argumente haben wir? Welche peripheren Hinweisreize passen gut zu unserem Produkt und/ oder unserer erwartbar wenig elaborierenden Zielgruppe? Ist es sinnvoll, die Elaborationsstärke zu beeinflussen, und wenn ja, in welche Richtung?

Im Einzelhandel wird beispielsweise häufig versucht, die Elaborationsleistung der Leserinnen und Leser von Prospekten zu senken, um die Einstellung zu einem Produktkauf (eines „Sonderangebots") erfolgreicher zu beeinflussen. Sehr knappe Zeitbegrenzungen („Angebot gilt nur heute!") oder Mengenbegrenzungen („Nur 20 Fahrzeuge vorrätig!") sind inhaltsbezogene Taktiken, die Konsumentinnen und Konsumenten unter Handlungsdruck setzen. Die vermeintliche Notwendigkeit, schnell zu entscheiden, soll dann die Elaboration der Botschaft („Ist das wirklich ein gutes Angebot?") begrenzen und damit die Kaufentscheidung wahrscheinlicher machen. Andere Gestaltungselemente (z. B. die Verwendung von Fragen statt Aussagen) können umgekehrt helfen, die Elaborationsleistung der Werbeempfängerinnen und -empfänger zu steigern (Petty, Priester & Briñol, 2002, S. 173).

Insofern sind die vom ELM beschriebenen Wege der Einstellungsbeeinflussung nichts Neues für die Werbepraxis, und sie waren auch nicht ganz neu, als dass ELM in den 1970er- und 1980er-Jahren entwickelt und verbreitet wurde. Der Vorteil des Modells besteht jedoch darin, einen Strukturrahmen anzubieten, mit dem konkrete Werbestrategien in systematischer Weise konzipiert werden können, nämlich entlang der drei Hauptmodi der Persuasion: Argument, peripherer Hinweisreiz und Beeinflussung der Elaboration. Das kann beispielsweise die Teamarbeit erleichtern, denn alle Beteiligten nutzen das gleiche Rahmenkonzept, und es kann auch die Abstimmung zwischen Unternehmen und Agentur vereinfachen, wenn es darum geht, eine inhaltsbezogene Strategie zu finden und zu konkretisieren.

5.1.5. Systematische Auswahl von Werbeträgern

Mit der Perspektive auf empfängerseitige Verarbeitungsprozesse kann das ELM auch dabei hilfreich sein, Entscheidungen über die Trägermedien für eine Werbekampagne zu fällen. Je nachdem, welche Elaborationsstärken die Werbetreibenden für ihre Zielgruppe und Kampagne erwarten, eignen sich nämlich verschiedene Medien unterschiedlich gut – einerseits wegen ihrer spezifischen technischen Fähigkeiten und andererseits wegen ihrer typischen Nutzungsmuster.

Hinsichtlich der technischen Fähigkeiten ist besonders die Vermittlungsleistung in Bezug auf Detailinformationen einerseits und auf periphere Hinweisreize andererseits von Bedeutung. Bei erwartbar star-

Medien transportieren Argumente und Hinweisreize unterschiedlich gut

ker Elaborationsleistung der Empfängerinnen und Empfänger ist das Angebot von Detailinformationen geradezu unerlässlich; wer sich intensiv mit einem Produkt beschäftigt, gibt sich nicht mit der einfachen Behauptung „Funktioniert gut" oder „Sieht schön aus" zufrieden. Hier sind Erläuterungen nötig, beispielsweise über edle Materialien, aufwändige Herstellungsprozesse oder umfangreiche Schulungen bei Dienstleistern. Dafür eignen sich Lesemedien deutlich besser als Audio- und audiovisuelle Medien. Über die Modalität des Lesens können Menschen – zureichende Lesekompetenz natürlich vorausgesetzt – deutlich mehr Detailinformationen aufnehmen, verarbeiten und speichern als über die Modalität des Zuhörens oder beim Fernsehen (Chaiken & Eagly, 1976; Salomon, 1984). Auf der anderen Seite sind Radio, Film und Fernsehen besonders gut geeignet, im Sinne der Persuasionsabsicht periphere Hinweisreize zu transportieren. Attraktive Quellen – ein Klassiker unter den peripheren Hinweisreizen –, beispielsweise schöne Frauen, die sich für ein Kosmetikprodukt begeistern, oder attraktive Männer, die ein Parfüm bewerben, sind durch Werbespots deutlich einfacher zu kommunizieren als über eine Beschreibung in einem Text. Elektronische Medien bieten zudem mit Geräuschen und Musik zusätzliche Wege, periphere Hinweisreize mit (gesprochenen) Argumenten zu kombinieren. Automobilwerbung im Fernsehen geht diesen Weg besonders häufig: Eine ansprechende audiovisuelle Ästhetik (periphere Hinweisreize) tritt hier oftmals gemeinsam mit Argumenten auf (z. B. Treibstoffverbrauch, Sicherheit, Zuverlässigkeit des Fahrzeugs).

Eine auf das ELM ausgerichtete Auswahl der Werbeträger kann nicht nur auf die Bezüge zwischen den technischen Eigenschaften und der erwarteten Elaborationsleistung des Publikums gründen. Auch die typischen Eigenschaften der Nutzung eines Mediums können aus der Perspektive des ELM für die Medienträgerwahl herangezogen werden. So besitzen die konventionellen Massenmedien typische Zuwendungsquoten im Tagesverlauf. Das Radio wird insbesondere morgens genutzt; ein erheblicher Anteil der Radionutzung fällt dabei auf den morgendlichen Berufsverkehr (Autoradios). Diese Nutzungssituation ist geprägt von Ablenkungen: Wer das Auto selbst steuert, kann nur begrenzt Aufmerksamkeit für Radiowerbung aufbringen, eine starke Elaborationsleistung sollte man vom Fahrer also nicht erwarten. Sind weitere Personen im Fahrzeug, konkurriert die Radiobotschaft mit den Gesprächen zwischen den Fahrzeuginsassen. Dabei ist die Müdigkeit der Zuhörerinnen und Zuhörer in den Morgenstunden (die beispielsweise im Winterhalbjahr nochmals stärker ausfallen könnte) noch nicht einmal berücksichtigt. Für andere Mediengattungen lassen sich ähnliche Situationseigenschaften mit Bezug zum ELM beschreiben, so dass die Situationsperspektive (Wie gehen die Empfängerinnen und Empfänger mit der Botschaft um?) sinnvoll mit der Perspektive der erreichbaren Vermittlungsleistungen jedes Mediums verbunden werden kann. So kann das ELM dabei helfen, zwischen den vielen zur Verfügung stehenden Trägermedien die ‚passenden' für eine bestimmte Werbekampagne auszuwählen.

5.1.6. Glaubwürdigkeit der Medien als peripherer Hinweisreiz

Werden Persuasionsversuche über Massenmedien verbreitet, so kommt den Medien die Eigenschaft einer Quelle zu, die im Rahmen der empfängerseitigen Informationsverarbeitung beurteilt wird. Quellen sind gerade unter der Bedingung geringer Elaborationsstärke von großer Bedeutung (vgl. oben: Fünftes Postulat), weil sie nämlich als peripherer Hinweisreiz die Einstellungsbildung beeinflussen können. Auch wenn (journalistisch berichtende) Massenmedien nur als „Boten" von Werbebotschaften dienen, die andere – Unternehmen oder Parteien beispielsweise – zu verantworten haben, kommt der Medienglaubwürdigkeit eine potenziell wichtige Rolle im Elaborationsprozess der Empfängerinnen und Empfänger zu.

Rezipientinnen und Rezipienten betrachten Medium und Botschaft

Fallbeispiele

Ein Beispiel soll diese aus dem ELM folgende Variante des alten Ausspruchs „The medium is the message" von Marshall McLuhan verdeutlichen. Stellen Sie sich vor, der Verband der Kernkraftindustrie startet eine Kampagne, um die skeptisch gewordenen Bundesbürger doch noch davon zu überzeugen, dass Nuklearenergie sicher und beherrschbar sei. Dazu schaltet der Verband ganzseitige Zeitungsanzeigen, die eine Reaktorkuppel in grüner Landschaft zeigen und dazu den Slogan „Glauben Sie nicht uns – glauben Sie 250 führenden Expertinnen und Experten: Kernkraft ist sicher!" sowie eine Liste von 250 Personen mit

Titeln und beruflicher Funktion, die für den Verband bürgen. Diese Anzeige lässt der Verband nun in der „BILD"-Zeitung und in der „Frankfurter Allgemeinen Zeitung" erscheinen. Das ELM postuliert, dass für Personen mit hoher Elaborationsleistung die Glaubwürdigkeit der Quelle zwar eine Rolle spielt, jedoch längst nicht so bedeutsam ist wie die Güte der Argumente. Ganz anders jedoch bei schwach elaborierenden Empfängerinnen und Empfängern: Für sie sind periphere Hinweisreize entscheidend, und man könnte die fiktive Beispielanzeige des Kernkraftverbands so interpretieren, dass a) ein wichtiger peripherer Hinweisreiz durch den Verweis auf (unabhängige) Expertinnen und Experten vorliegt und b) die schiere Anzahl der Expertinnen und Experten in ähnlicher Weise als günstiger peripherer Hinweisreiz dienen könnte wie in Petty und Cacioppos Studien die schiere Anzahl der Argumente (1984): Wer die Werbung peripher verarbeitet, wird die große Zahl der Expertinnen und Experten vielleicht als (weiteren) Grund erachten, seine Meinung im Sinne der Kernkraftverbands kurzfristig zu ändern.

Nun kommt noch das werbetragende Medium als Inhaber zugeschriebener Glaubwürdigkeit ins Spiel. Wie andere Boulevardblätter auch steht die „BILD"-Zeitung nicht unbedingt in dem Ruf, die journalistischen Qualitätskriterien der Sachlichkeit, Objektivität und faktisch exakten Berichterstattung jeden Tag in größtmöglichem Umfang zu erreichen (z. B. Bentele, 1998). Im Gegensatz dazu versteht sich (und verstehen viele Leserinnen und Leser) die „Frankfurter Allgemeine" als das Qualitäts-Printmedium des konservativen deutschen Zeitungsjournalismus,

das mit hohem intellektuellen Anspruch, großem Rechercheaufwand, gut ausgebildeten Expertinnen und Experten als Redakteurinnen und Redakteuren etc. maximal glaubwürdige Inhalte herstellt und veröffentlicht. Für einen peripher verarbeitenden Leser der Kernkraftanzeige wird es gemäß des ELM einen Unterschied machen, welche der Zeitungen als Überbringer oder „Quelle" erscheint: Neben den (vielen) bürgenden Expertinnen und Experten wird die sehr glaubwürdige FAZ als zusätzlicher peripherer Hinweisreiz fungieren – die Vertrauenswürdigkeit der Zeitung würde gewissermaßen auf die Anzeige abstrahlen –, wohingegen die begrenzt glaubwürdige „BILD"-Zeitung einen gegenläufigen peripheren Hinweisreiz darstellen könnte, der für oberflächlich verarbeitende Rezipientinnen und Rezipienten den Gesamtüberzeugungseffekt der Anzeige auf null zurückführt. Petty, Priester und Briñol (2002, S. 167) nennen ähnliche Beispiele und Studien zum schillernden US-Boulevardblatt „National Enquirer" als relativ unglaubwürdige Quelle.

Insofern bietet das ELM Anknüpfungsmöglichkeiten an die kommunikationswissenschaftliche Glaubwürdigkeitsforschung (Bentele, 1998; Jackob, 2012; Kohring & Matthes, 2007), indem es den Weg beschreibt, auf dem (Medien-)Glaubwürdigkeit in die Verarbeitung von Werbebotschaften einbezogen wird. Für die Werbepraxis ergeben sich damit interessante Möglichkeiten, die Glaubwürdigkeit (oder breiter formuliert: die Qualitätseigenschaften) von Trägermedien oder Werbeumfeldern als peripheren Hinweisreiz und damit als persuasionsrelevanten Faktor in die Planung einzubeziehen.

5.1.7. Berücksichtigung indirekter Medienwirkungen

Schließlich kann die Planung medialer Werbung vom ELM profitieren, indem sie sogenannte indirekte Medienwirkungen (Petty, Priester & Briñol, 2002, S. 167) in Rechnung stellt. Jenseits der Werbeinhalte verbreiten Massenmedien eine Vielzahl von Themen und Informationen, die für ein werbetreibendes Unternehmen von Bedeutung sein können. Petty und seine Kollegen (2002) verweisen auf den Agenda-Setting-Effekt (vgl. dazu den Band von Marcus Maurer in der Reihe „Konzepte", Maurer, 2017): Die Medien haben einen bedeutenden Anteil daran, die Ereignisse und Themen zu bestimmen, die in der Öffentlichkeit als ‚wichtig' gelten und denen daher viele Empfängerinnen und Empfänger auch von Werbebotschaften große Relevanz beimessen. Das Wissen um öffentlich als wichtig eingestufte Themen oder Ereignisse können sich Werbetreibende zunutze machen, um auf der Basis des ELM ihre Werbestrategie anzupassen: Konkret spiegelt die Medienagenda demnach solche Themen wider, die bei vielen Menschen eine relativ starke Elaborationsleistung hervorrufen, weil sie ja als ‚wichtig' oder ‚relevant' gelten.

Wiederum soll ein Beispiel den Zusammenhang zwischen Agenda-Setting und ELM-basierter Werbung verdeutlichen. Die intensive Debatte über den Klimawandel (vgl. Haßler, 2017; Neverla, Taddicken, Lörcher & Hoppe, 2019; Post, 2008) hat ‚grüne' Produkte und Herstellungsverfahren – also das Thema Energieverbrauch und Kohlendioxid-Emissionen – sehr viel stärker in den Fokus öffentlicher Aufmerksamkeit gerückt, als es noch vor zum Beispiel 30 Jahren der Fall war. Klimafreundlichkeit hat sich durch diese Entwicklung der öffentlichen Debatte in ein potenziell mächtiges Argument für Werbetreibende verwandelt: Auf dieses Thema abzuheben, verspricht einen Zugewinn an erwartbarer Elaborationsleistung des Publikums auch bei Werbung für längst bekannte Marken oder Produkte. Von der IT-Branche bis zum Automobilbau finden sich daher zahlreiche Beispiele, wie Werbung dieses auf der öffentlichen Agenda weit oben rangierende Thema aufgreift, um die große Relevanzbeimessung bei vielen Empfängerinnen und Empfängern in gesteigerte Aufmerksamkeit und gedankliche Befassung umzumünzen und mit der eigenen Selbstdarstellung als ‚grünes' Unternehmen persuasives Kapital im Sinne eines ‚starken' Arguments zu gewinnen. So bietet eine Anwendung des ELM auf Medienwerbung die Möglichkeit, indirekte Medienwirkun-

Elaborationswahrscheinlichkeiten entstehen auch aus dem Meinungsklima gen (z. B. Agenda-Setting-Effekte) zu berücksichtigen und ihre Bedeutung im Licht der Systematik des Modells besser zu verstehen sowie taktisch ausnutzen zu können.

5.1.8. Das ELM und die Werbung: Zusammenfassung

Das ELM bietet Planungshilfen
für die Werbestrategie

Das ELM lässt sich hervorragend auf Fragen der Werbekommunikation anwenden. Da der Fokus des vorliegenden Bands auf der Darstellung der theoretischen Grundlagen liegt, sind diese Anwendungsmöglichkeiten hier nur als Auswahl betrachtet worden. Die wissenschaftlichen Fachzeitschriften und Lehrbücher zur Werbekommunikation bieten hier eine bessere Übersicht, wenngleich sie nicht immer explizit den Bezug zum ELM herstellen. Für die Kommunikationswissenschaft, die sich traditionell sehr intensiv mit Persuasion durch Massenmedien befasst, ist das ELM jedenfalls ein ausgesprochen wichtiges theoretisches Werkzeug, das Denken, empirische Studien und Anwendungsprojekte (z. B. für die Gesundheitsaufklärung der Bevölkerung) zur Rolle der Massenmedien bis heute leitet und inspiriert.

Für die Werbepraxis lohnt es sich also, sich intensiv mit den Postulaten des ELM zu beschäftigen und die eigene Aufgabenstellung im Licht von Petty und Cacioppos Überlegungen zu betrachten. Als Informationsverarbeitungsmodell richtet das ELM die Aufmerksamkeit dabei auf die inneren Vorgänge und den situativen Zustand der Empfängerin oder des Empfängers der Werbebotschaft. Von dieser Rezipientenperspektive aus lässt sich dann mithilfe der ELM-Elemente der Werbeablauf gewissermaßen rückwärts planen: Welche inhaltliche Botschaft (z. B. Argumente versus periphere Hinweisreize) passt am besten zur Elaborationswahrscheinlichkeit meiner Zielpersonen, zu ihrem Denken und Fühlen? Über welche Trägermedien können wir die Zielpersonen mit dieser Botschaft am besten ansprechen? Diese und weitere Fragen lassen sich mithilfe des ELM in strukturierter Form durchdenken, so dass ein Werbeerfolg wahrscheinlicher wird (Schaubild 9). Zugleich mahnt das ELM aber auch zur Bescheidenheit: Werbung hat praktisch keine Chance auf ‚durchschlagende‘ Überzeugungswirkungen, sondern kann nur darauf hoffen, einen begrenzten Beitrag dazu zu leisten, die Einstellungen des Publikums zu einem Produkt, einer Marke oder einer Dienstleistung in günstiger Richtung zu beeinflussen.

Schaubild 9: Strategische Folgen des ELM für die Werbeplanung.

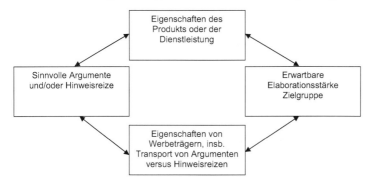

(Quelle: eigene Darstellung)

Besonders wichtig ist auch die Erinnerung, dass das ELM keinerlei Aussagen darüber trifft, was ein gutes Argument ist. Petty und Cacioppo haben in ihren experimentellen Studien starke Argumente von schwachen Argumenten dadurch unterschieden, dass sie Studierende um ihre Meinung zu einer ganzen Liste von möglichen Argumenten baten. Was die Mehrheit der Befragten als starkes Argument bezeichnete, ging dann in den Experimenten auch als starkes Argument ein. Diese Vorgehensweise können Werbetreibende natürlich nachahmen, indem sie Personen ihrer Zielgruppe danach fragen, was für sie ein starkes Argument sei. Doch bietet dieses Vorgehen keine Erfolgsgarantie, auf keinen Fall entlastet es jedenfalls die Werbeplaner von der Aufgabe, sehr gründlich über mögliche gute und schlechte Argumente nachzudenken. Das ELM ist daher auf der Ebene der einzelnen Werbekampagne keine inhaltliche Stütze: Die (starken oder schwachen, vielen oder wenigen) Argumente für ihr Produkt müssen sich die Werbetreibenden schon selbst einfallen lassen. Speziell aus diesem Grund ist das ELM kein Masterplan für den garantierten Werbeerfolg. Es sollte eher verstanden werden als ein Orientierungsrahmen, der Planerinnen und Planern dabei hilft, systematischer über ihre Aufgabe nachzudenken, alle wichtigen Aspekte der angestrebten Überzeugungskommunikation zu beachten und trotz der notwendigen Beschäftigung mit dem zu bewerbenden Produkt und trotz der vielen spannenden kreativen Ideen, die man dazu haben kann, die Sichtweise der Rezipientinnen und Rezipienten nicht aus den Augen zu verlieren.

Kein universeller Weg zu starken Argumenten

5.2. Elaborationswahrscheinlichkeit und Massenkommunikation jenseits der Werbung

Werbung, in Form von Anzeigen, Rundfunkspots, Internet-Ads oder anderen Formen des Onlinemarketings, stellt zweifelsohne den offensichtlichsten Anwendungsfall des ELM im Medienkontext dar. Verwandte Kommunikationsformen, wie beispielsweise „Product-Placement" oder auch „Public Relations" lassen sich hier ebenfalls einordnen, weil auch ihnen Überzeugungsabsichten von Unternehmen oder Organisationen zugrunde liegen. Auch hier kann das ELM zur Anwendung gebracht werden (z. B. für die Konzeption von PR-Strategien, vgl. Hallahan, 2000, oder zur Erklärung der Wirkungsweise von Product-Placement, vgl. Redondo, 2012). Wie bereits mehrfach erwähnt, spielt das ELM zudem eine wichtige Rolle bei der Analyse persuasiver politischer Kommunikation, wenn es etwa darum geht, verschiedene Einflussfaktoren auf die Einstellungsbildung von Wählerinnen und Wählern zu untersuchen (für einen Überblick vgl. z. B. LaMarre, 2016).

Narrative Persuasion und Entertainment Education

Eine weitere Variante persuasiver Kommunikation, die jedoch mit klassischer Werbung kaum Berührungspunkte aufweist, ist die narrative Persuasion und die sogenannte Entertainment Education (Singhal & Rogers, 1999). Es wird angenommen, dass die Verarbeitung und persuasive Wirkweise narrativer Botschaften anders verläuft als die nicht-narrativer Botschaften, weshalb das ELM die Verarbeitung narrativer Botschaften nur unzureichend erklären kann (Green & Brock, 2000). Hierbei spielt „Transportation" eine entscheidende Rolle, d. h. das Eintauchen in die Geschichte, das zu weniger „counterarguing" seitens der Rezipientinnen und Rezipienten führen, die Geschichte im Nachhinein eher wie ein reales Erlebnis erscheinen lassen und eine Identifikation mit den dargestellten Charakteren begünstigen kann (Green & Brock, 2000). Entertainment Education-Inhalte zielen darauf, durch fiktionale Geschichten wie etwa Soap Operas im Radio oder Fernsehen oder lehrreiche Computerspiele (sogenannte „serious games") auf unterhaltsame Art, zielgerichtet Bildung und Aufklärung zu vermitteln und dadurch Wissens-, Einstellungs- und Verhaltensänderungen zu bewirken (Lampert, 2010; Singhal & Rogers, 1999). So sollen Radio- und TV-Serien beispielsweise die Einstellungen und das Wissen zu HIV-Prävention oder häuslicher Gewalt in Südafrika beeinflussen (Singhal, Wang & Rogers, 2013) oder Daily Soaps junge Zuschauerinnen und Zuschauer für Drogenmissbrauch sensibilisieren (Lubjuhn & Bouman, 2019). Auch hier kann das ELM sinnvoll zur Analyse und Optimierung von Persuasion des Medienpublikums herangezogen werden (Slater & Rouner, 2002).

Ausgehend von dieser anders gearteten Verarbeitungsweise narrativer Botschaften stellen Slater und Rouner (2002) basierend auf dem ELM ein Extended Elaboration Likelihood Model auf, das die Verarbeitung narrativer Persuasionsbotschaften modelliert. Das Extended Elaboration Likelihood Model unterscheidet sich vom ELM dahingehend, dass nicht mehr klar zwischen einer zentralen und einer peripheren Route unterschieden wird. Stattdessen ist die Wirkung einer narrativen Persuasionsbotschaft abhängig vom Grad der Transportation; wenn keine Transportation stattfindet, ist eine persuasive Wirkung unwahrscheinlich (Slater & Rouner, 2002). Transportation ersetzt im Extended Elaboration Likelihood Model entsprechend auch den im ELM modellierten Einfluss des Themeninvolvements, von dem angenommen wird, dass es die Wahrscheinlichkeit einer zentralen Verarbeitung erhöht, da die Motivation zur elaborierten Informationsverarbeitung steigt (vgl. oben: Viertes Postulat). An dieser Stelle sei für eine detailliertere Darstellung auf den Band zum Thema Narrative Persuasion verwiesen, den Freya Sukalla (2019) in der Reihe „Konzepte" veröffentlicht hat.

Ein weiteres Anwendungsfeld des ELM ist die Gesundheitskommunikation. Da Einstellungen eine grundlegende Determinante des Verhaltens sind, stellen Einstellungsänderungen oftmals das Ziel von Gesundheitsbotschaften dar, wenn es etwa darum geht, Menschen zu überzeugen, gesundheitsförderliche oder präventive Verhaltensweisen aufzunehmen oder Risikoverhalten zu minimieren. Entsprechend wird das ELM in der Gesundheitskommunikationsforschung herangezogen, um die Informationsverarbeitung von (persuasiven) Gesundheitsbotschaften und die gesundheitsbezogene Einstellungsbildung nachzuzeichnen (vgl. Link & Klimmt, 2019). Petty und Briñol (2012) merken an, dass das ELM sich wohl – neben dem Anwendungsbereich der Werbung – als besonders nützlich für die Gesundheitskommunikation erwiesen habe. Das ELM wurde etwa genutzt, um Kampagnen und Interventionen zur Gesundheitsförderung in verschiedenen Bereichen zu entwickeln, sei es zur HIV-Prävention und der Nutzung von Kondomen, zur Bewegungsförderung, zu gesunder Ernährung, zur Rauchentwöhnung oder Organspende (für einen Überblick vgl. Petty, Barden & Wheeler, 2009). Ein weiterer Bereich der Gesundheitskommunikationsforschung, in dem das ELM Anwendung findet, ist die Untersuchung des sogenannten „tailoring" von Gesundheitsbotschaften, d. h. das Zuschneiden von Botschaften auf eine bestimmte Zielperson. Basierend auf der Annahme des ELM, dass Botschaften von persönlicher Relevanz für Rezipierende die Wahrscheinlichkeit einer elaborierten Verarbeitung steigern (vgl.

Das ELM in der Gesundheitskommunikationsforschung

oben: Viertes Postulat), kann nicht nur gezeigt werden, dass das Zuschneiden von Gesundheitsbotschaften wirksam ist, sondern auch *warum* dies wirksam ist (z. B. Kreuter & Wray, 2003; Lustria et al., 2016). Es wird davon ausgegangen, dass „tailoring" von Gesundheitsbotschaften effektiv ist, weil günstige Voraussetzungen für eine elaborierte Informationsverarbeitung geschaffen werden, indem die Motivation zur Verarbeitung der Botschaft erhöht wird. Eine solche Verarbeitung auf der zentralen Route ist bei Gesundheitsbotschaften oftmals gewünscht, weil sie in der Regel gefestigtere und dauerhaftere Einstellungen nach sich zieht und eine entsprechende Verhaltensänderung wahrscheinlicher macht. Laut dem ELM ist es folglich nicht nur relevant, zu wissen, *ob* eine Einstellung verändert wurde, sondern auch, *wie* eine Einstellung verändert wurde, d. h. wie elaboriert die Botschaft verarbeitet wurde, die zu einer Einstellungsänderung geführt hat, denn dies kann Aufschluss über die Folgen der Persuasion geben (Petty & Briñol, 2020; Petty, Barden & Wheeler, 2009).

Relevanz der Verarbeitungstiefe für die Stärke der veränderten Einstellungen

Die Relevanz der Tiefe der Informationsverarbeitung bei Einstellungsveränderungen wird auch in Studien zu Vorurteilen deutlich. Diesem Feld hat sich Petty in jüngerer Zeit gewidmet und dabei deutlich gemacht, dass die Annahmen des ELM auch für derartige Urteile fruchtbar gemacht werden können. So konnte gezeigt werden, dass Einstellungsänderungen gegenüber stigmatisierten Gruppen (z. B. gegenüber Migranten) zwar sowohl durch wenig als auch durch stark elaborierte Formen der Informationsverarbeitung beeinflusst werden können; allerdings war der Abbau von Vorurteilen, der durch elaborierte Verarbeitungsprozesse erreicht wurde, dauerhafter und resistenter gegenüber entgegenläufigen Botschaften als Einstellungsänderungen, die durch weniger elaborierte Verarbeitung herbeigeführt wurden (Cardaba, Briñol, Horcaja & Petty, 2013).

Schwache Elaboration auch bei der Nachrichtennutzung

Neben diesen Beispielen nicht-werblicher Kommunikation lässt sich die theoretische Substanz des ELM auch noch in anderen Sphären der Kommunikationsforschung zur Anwendung bringen. Das Ausmaß gedanklicher Beschäftigung mit einer Botschaft spielt nämlich auch und gerade dort eine Rolle, wo die Bedeutung der Massenmedien jenseits der Marktkommunikation besonders groß ist: bei der Nachrichten- und Politikvermittlung. Kein anderes Gebiet hat die Kommunikationswissenschaft so intensiv und ausdauernd bearbeitet wie die Fragen zur Nutzung und Wirkung aktueller Nachrichtenangebote (vgl. dazu beispielsweise den Band zum Thema Agenda-Setting, den Marcus Maurer ebenfalls in der Reihe „Konzepte" veröffentlicht hat; Maurer, 2017). Demokratietheoretisch lässt sich die normative Forderung an die Bürgerinnen und Bürger ableiten, dass sie sich möglichst intensiv – mit großer Elaborationsstärke – mit dem aktuellen Nachrichtengeschehen befassen, denn nur so können fundierte Urteile und Meinungen gebildet werden, die letztlich für eine stabile, funktionierende Demokratie benötigt werden. Zugleich prasseln in der modernen Informationsgesellschaft immer mehr Informationen auf Bürgerinnen und Bürger ein: Sender, Onlinedienste, Zeitungen und andere Medienanbieter rangeln um die Gunst des Publikums; Unternehmen und Organisationen füllen eifrig die Informationskanäle der Gesellschaft mit ihren Botschaften. In dieser Informationsüberflutung überhaupt noch in Ruhe eine einzelne Nachricht gründlich zu verarbeiten, erscheint kaum mehr möglich. Brosius (1995) hat in seiner Analyse moderner Nachrichtenrezeption daher den Begriff der Alltagsrationalität vorgeschlagen, mit dem das Publikum zu Werke geht. Seine Charakterisierung der typischen (in der heutigen Informationsflut geradezu unvermeidlichen) Rezeptionshaltung spiegelt wichtige Überlegungen des ELM wider und rückt die Verarbeitungsprozesse des Nachrichtenpublikums ganz explizit in die Nähe der peripheren Route des ELM. Brosius (1998, S. 20) nennt folgende Merkmale alltagsrationaler Nachrichtenrezeption:

„1. Rezipienten verarbeiten nicht alle ihnen zur Verfügung stehenden Informationen in Nachrichten.

2. Rezipienten ziehen zur Urteilsbildung bevorzugt solche Informationen heran, die ihnen zum Zeitpunkt des Urteils besonders leicht zugänglich sind.

3. Rezipienten überführen Einzelheiten der präsentierten Meldungen schon während der Informationsaufnahme in allgemeine semantische Kategorien.

4. Rezipienten bilden ihre Urteile schon während der Rezeption und nicht erst im Anschluss daran.

5. Rezipienten verkürzen und vereinfachen Probleme und Sachverhalte. Sie verwenden Faustregeln, Verallgemeinerungen, Schlussfolgerungen und Stereotype, die sich bewährt haben.

6. Rezipienten orientieren sich bei ihrer Beurteilung von Sachverhalten hauptsächlich an Informationen, die ihnen aus dem Alltag vertraut sind.

7. Rezipienten wenden sich Nachrichteninhalten in der Regel mit geringer Involviertheit zu, können sich jedoch unter bestimmten Bedingungen intensiv damit auseinandersetzen. Vor allem fehlt es ihnen an der Fähigkeit, die Relevanz der präsentierten Informati-

on zu beurteilen. Unter diesen Bedingungen weichen sie häufig dahin aus, nur die Glaubwürdigkeit der Quellen, nicht jedoch den Wahrheitsgehalt der präsentierten Information zu beurteilen."

Bereits aus dieser komprimierten Darstellung werden die Ähnlichkeiten zum ELM und speziell zur peripheren Verarbeitungsroute ersichtlich, beispielsweise im siebten Punkt, der die Variabilität des Verarbeitungsaufwands anspricht (hier als „Involviertheit" bezeichnet, wobei Brosius damit in Petty und Cacioppos Sprachgebrauch die Elaborationsstärke während der Verarbeitung einer Botschaft meint). Die in diesem Punkt angesprochene Glaubwürdigkeit der Quelle kann als peripherer Hinweisreiz betrachtet werden. Die besondere Bedeutung peripherer Hinweisreize bei der Informationsverarbeitung auf der peripheren Route (vgl. oben: Drittes Postulat) wurde auch in Bezug auf Online-Nachrichtenseiten untersucht, wobei etwa die Vertrauenswürdigkeit der Medienmarke sowie Nutzerinnen- und Nutzerkommentare als periphere Hinweisreize fungieren (Heinbach, Ziegele & Quiring, 2018; Prochazka, Weber & Schweiger, 2018).

Entgegen diesen Überlegungen, die eine eher periphere Verarbeitung in modernen Medienumgebungen nahelegen, argumentieren Holbert, Garrett und Gleason (2010) auf Basis des ELM, dass die zunehmende Dominanz von „pull"-Medien, d. h. medialen Angeboten, denen sich Rezipientinnen und Rezipienten selbst aktiv zuwenden, die Nachrichtenverarbeitung auf zentraler Route fördere: Durch die aktive Zuwendung sei mit der vorhandenen Motivation zur gedanklichen Auseinandersetzung die erste Voraussetzung für eine starke Elaboration erfüllt und dadurch, dass sich Rezipientinnen und Rezipienten dem jeweiligen Medienangebot wohl zu einer ihnen angenehmen Zeit zuwenden und solche Inhalte aussuchen, die an ihren Wissenstand anknüpfen, wäre auch die zweite Voraussetzung, die Fähigkeit zur gedanklichen Auseinandersetzung, gegeben.

Insofern bestehen interessante Möglichkeiten, das ELM in der kommunikationswissenschaftlichen Medienwirkungsforschung heranzuziehen, auch wenn der Gegenstand relativ wenig mit Persuasionsabsichten im engeren Sinne beziehungsweise mit Medienwerbung zu tun hat. Die Frage der Elaborationswahrscheinlichkeit erweist sich als theoretisch und empirisch fruchtbar für viele Gebiete der Rezeptions- und Wirkungsforschung; auch wenn die Sozialpsychologen Petty und Cacioppo diese Forschungsthemen gar nicht im Sinn hatten, als sie das ELM konstruierten, so bereichert ihre Arbeit doch die Kommunikations- und Medienforschung ungemein.

6. Kritik am ELM und aktuelle Entwicklung

6.1. Kritik

So wie Petty und Cacioppo Probleme der vorangegangenen Persuasionsforschung aufgriffen und diese Schwierigkeiten mit einem eigenen Modell zu lösen versuchten, haben sich andere Wissenschaftlerinnen und Wissenschaftler ihrerseits mit dem ELM befasst und eine ganze Reihe von Kritikpunkten vorgebracht. Ganz verschiedene Probleme wurden am ELM identifiziert und aus Sicht der Kritikerinnen und Kritiker repräsentiert das ELM gewiss nicht ‚der Weisheit letzten Schluss' für die Persuasionstheorie. Die kritische Auseinandersetzung über das ELM ist indes nichts Außergewöhnliches, also kein Vorgang, der auf besondere ‚Makel' des Modells hinweisen würde. Sozialwissenschaftliche Theoriebildung lebt von der empirischen Testung von Annahmen einerseits und vom kritisch-konstruktiven Dialog unter Wissenschaftlerinnen und Wissenschaftlern andererseits. Insofern war und ist es legitim, nützlich und ganz normal, dass ein vielfach angewendetes und in vielen wissenschaftlichen Veröffentlichungen angesprochenes Modell wie das ELM kritisch geprüft und teilweise durchaus energisch ‚auseinandergenommen' wird. Ein wichtiger Teil der Debatte über das ELM ist in der kommunikationswissenschaftlichen Fachzeitschrift „Communication Theory" zu Beginn der 1990er-Jahre dokumentiert worden. Mehrere Autorenteams bringen hier ihre Einwände gegen das ELM vor.

Hamilton, Hunter und Boster (1993) kritisieren das ELM in zweierlei Hinsicht: Zum einen würde es weit weniger (beziehungsweise gar nicht) über ältere theoretische Ansätze der Persuasion hinausgehen – Petty und Cacioppo würden unter anderem durch ‚Neologismen', also die Verwendung neuer Begriffe für altbekannte Phänomene, die Illusion eines theoretischen Fortschritts erzeugen. Zum anderen ziehen sie die Aussagefähigkeit der empirischen Studien in Zweifel, mit denen Petty und Cacioppo ihr Modell stützen: Andere Forschungsteams hätten deutlich seltener als Petty und Cacioppo die vom ELM vorhergesagten Effekte gefunden; zum anderen sei unbekannt, inwiefern Petty und Cacioppo nur selektiv solche Befunde publiziert hätten, die für ihr Modell sprechen. Möglicherweise gebe es also zahlreiche Studien, deren Ergebnisse nicht für, sondern gegen das ELM sprechen könnten.

Zweifel am theoretischen Fortschritt...

Mongeau und Stiff (1993) problematisieren, dass das ELM nicht präzise genug formuliert sei, weil es die genauen Effekte von Denkprozessen auf die Einstellungsbildung außen vorlasse. Ihre Hauptkritik richtete sich jedoch darauf, dass die vorhandenen Tests des ELM

...und der empirischen Testung

nicht alle Annahmen in ihrer Gesamtheit prüfen, sondern immer nur ausschnitthaft Teile des Modells (z. B. den Einfluss eines peripheren Cues unter der Bedingung hohen versus geringen Involvements) abbilden. Deswegen sei empirisch nicht bestätigt, dass der Ablauf von Persuasionsprozessen genauso funktioniere wie vom ELM angenommen. Ein weiterer Kritikpunkt betrifft die Tatsache, dass Petty und Cacioppo die für die Persuasionsforschung zentrale Frage ausblenden, was denn ein starkes Argument sei. In ihren empirischen Studien umgehen Petty und Cacioppo diese Frage dadurch, dass sie Argumente durch Befragung hinsichtlich ihrer Stärke von einer Gruppe ansonsten unbeteiligter Personen einschätzen lassen (vgl. oben: Drittes Postulat). So bleibt nicht nur das Problem der Eigenschaften guter Argumente ungelöst, sondern es tritt auch ein logischer Kurzschluss auf: Die Herangehensweise von Petty und Cacioppo impliziert, dass starke Argumente diejenigen sind, die bei den Befragten viele Denkreaktionen auslösen und/oder positiv eingeschätzt werden. Die Stärke eines Arguments wird also über ihre kognitiven Wirkungen bestimmt – eben diese kognitiven Wirkungen sind aber Teil der Modellvorhersagen: Denn gemäß des ELM bedenken Personen mit hohem Involvement die Argumente in einer Botschaft mit mehr Aufwand als niedrig Involvierte, so dass starke Argumente positivere Einstellungseffekte als schwache Argumente erzeugen, wenn die Elaborationsleistung hoch ist (vgl. oben: Drittes Postulat). Wenn aber starke Argumente in den empirischen Studien zum ELM eben dadurch identifiziert werden, dass sie starke Elaborationsleistung und/oder positive Bewertungen hervorrufen, besteht ein logischer Kurzschluss: Die Art der Auswahl starker Argumente erzwingt, dass die guten Argumente auch die ELM-Vorhersage intensiver gedanklicher Beschäftigung und positiverer Einstellungseffekte hervorbringen. Die Frage der Argumentqualität und ihrer operativen Umsetzung in Persuasionsstudien ist daher ein großes Problem des ELM (vgl. auch O'Keefe, 2016) – es beschäftigt die Forschung allerdings bis heute (O'Keefe, 2003, 2012; Zhao, Strasser, Cappella, Lerman & Fishbein, 2011) und ist auch Gegenstand umfangreicher Überlegungen in anderen Disziplinen, etwa in den Sprachwissenschaften und der Psychologie (Christmann, Mischo & Groeben, 2000; Liu, Lee, Huang, Chen & Sommers, 2016).

Das ELM ist schwer zu widerlegen

Ein letzter wichtiger Kritikpunkt von Mongeau und Stiff (1993) besteht darin, dass das ELM so umfassend und teilweise so vage formuliert sei, dass kaum noch Bedingungen in der empirischen Forschung auftreten könnten, die nicht mit dem ELM vereinbar seien. Das Modell sei empirisch nicht falsifizierbar, seine (mögliche) Unfähigkeit,

adäquate Vorhersagen über die Wirklichkeit zu treffen, sei nicht
mehr zu beweisen. Das aber ist nach der sozialwissenschaftlichen Be-
weislogik, die sich auf den Kritischen Rationalismus nach Karl Pop-
per beruft, ein ‚No Go': Sozialwissenschaftliche Modelle müssen so
präzise Vorhersagen treffen, dass es möglich ist, ihr empirisches
Scheitern zu zeigen. Wenn ein Modell aber für jeden denkbaren Fall
eine Erklärung parat hat (etwa so: „Wenn diese Einstellung heraus-
kommt, dann verlief die Persuasion auf der zentralen Route, wobei
die Argumentqualität wohl schwach war; wenn jene Einstellung her-
auskommt, dann verlief die Persuasion wohl auf der peripheren Route, wobei die Attraktivität der Quelle wohl hoch war"), dann kann
das Modell nicht durch empirische Forschung widerlegt werden. Damit ist aber auch seine Vorhersagekraft dahin: Denn eine gute Vorhersage besteht ja gerade darin, bestimmte mögliche Ereignisse aus-
zuschließen und nicht darin zu behaupten, dass alle denkbaren Ereignisse auch möglich seien.

Allen und Reynolds (1993) schließlich konzentrieren ihre Kritik am
ELM darauf, dass Petty und Cacioppos Behauptung falsch sei, wonach das ELM die Befundlage zur Persuasion sehr gut erklären bzw.
abbilden könne. Sie nutzen dazu das Beispiel des sogenannten Sleeper-Effekts: Niedrig involvierte Personen neigen dazu, die Quelle
einer persuasiven Botschaft eher zu vergessen als den Inhalt der Botschaft („Ich hab mal gehört …"; „Irgendwer hat mir erzählt …").
Das führt dazu, dass auch unglaubwürdige Quellen auf mittlere Sicht
eine Chance haben, Einstellungseffekte zu bewirken: Im Moment der
Kommunikation wirkt nach dem ELM die Unglaubwürdigkeit der
Quelle als peripherer Hinweisreiz, die von ihr vorgeschlagene Einstellung nicht zu übernehmen. Wird aber die Quelle im Laufe der Zeit
vergessen, die vorgeschlagene Position jedoch behalten, kann sich
mittelfristig (nach ein paar Stunden, Tagen oder Wochen) doch noch
ein von der Quelle intendierter Einstellungseffekt ergeben. Allen und
Reynolds (1993) haben eine sogenannte Meta-Analyse, eine Zusammenschau und summarische Neuauswertung mehrerer ähnlicher Studien, zum Sleeper-Effekt durchgeführt und kommen zu dem Schluss,
dass die Ergebnisse zum Auftreten des Sleeper-Effekts nicht mit den
Vorhersagen des ELM vereinbar seien, weil er nicht nur unter der Bedingung geringen Involvements auftrete und die zeitlichen Verläufe
(die zeitliche Stabilität der Einstellung) nicht wie vom ELM vorhergesagt beobachtet worden sind. Damit seien aber wichtige Annahmen
des ELM – nämlich die zur zeitlichen Stabilität von Einstellungseffekten bei zentraler versus peripherer Informationsverarbeitung – wider-

Das ELM erklärt nicht alle
Befunde

legt, und das ELM müsse in einigen Kernpunkten neu überdacht werden.

Diese in Zeitschriftenbeiträgen vorgebrachten Kritikpunkte sind gewiss nicht die einzigen, die gegenüber dem ELM geäußert worden sind. Ein so prominentes und vielfach zitiertes Modell zieht wie gesagt nicht nur die Aufmerksamkeit, sondern eben auch die Zweifel vieler Wissenschaftlerinnen und Wissenschaftler auf sich, und es ist sogar ein gutes Zeichen für die Autorinnen und Autoren eines Modells, wenn sich viele Kolleginnen und Kollegen konstruktiv und kritisch mit ihrer Arbeit auseinandersetzen. Für ein vollständiges und tief gehendes Verständnis des ELM ist es dabei äußerst lehrreich, sich mit dieser kritischen Diskussion zu beschäftigen. Die hier vorgestellten Beiträge sind dafür insofern gut geeignet, dass sie gemeinsam mit einer Antwort von Petty und Cacioppo (vgl. Abschnitt 6.2) in einer Fachzeitschrift der Kommunikationswissenschaft erschienen sind. Das erleichtert es Ihnen, diese Debatte im Detail nachzuvollziehen, wenn Sie sich dafür interessieren.

6.2. Gegenrede und jüngere Entwicklung

In den jüngeren Veröffentlichungen zum ELM haben Petty und Cacioppo mit ihren Mitarbeitern das Modell nicht nur vorgestellt, sondern zugleich die am Modell geäußerte Kritik aufgearbeitet (z. B. Petty & Cacioppo, 1990). Es ist dabei nur nahe liegend, dass sie nicht jede Kritik als substanziell einstufen und immer wieder fundamentale Änderungen am ELM vorgenommen haben. Vielmehr haben sie ihrerseits Argumentationsprobleme bei den Kritikerinnen und Kritikern des ELM benannt und andere Strategien angewendet, um das ELM gegen die Anwürfe skeptischer Kolleginnen und Kollegen zu verteidigen. Immer wieder haben Petty und Cacioppo auch darauf hingewiesen, dass das ELM – entgegen der Ansicht mancher Kritikerinnen und Kritiker – sehr gut mit der Befundlage der experimentellen Persuasionsforschung übereinstimme, es also auch zahlreiche empirische Belege für die Güte des Modells gibt. Ein Problem mit der Verteidigung von theoretischen Modellen besteht immer darin, dass der Versuch, die eigene publizierte Arbeit gegen Kritik abzuschirmen, das Risiko birgt, sinnvolle inhaltliche Verbesserungsvorschläge zu übersehen oder abzulehnen. Dann wird die wissenschaftliche Debatte bisweilen sehr persönlich und emotional, und die – nach dem ELM! – empfehlenswerte Vorgehensweise starker Elaboration von Argumenten tritt zugunsten einer verzerrten Elaboration oder gar einer peripheren Verarbeitung (etwa so: „Diese Kritik kommt von den

Leuten aus Michigan, die haben sowieso keine Ahnung!") in den Hintergrund.

Die Antwort von Petty, Wegener, Fabrigar, Priester und Cacioppo (1993) auf die in Abschnitt 6.1 beispielhaft skizzierte Kritik am ELM enthält einige Hinweise auf eine solche gereizte Art der Debattenführung. Die Wortwahl deutet auf ein durchaus gespanntes persönliches Verhältnis zwischen Autoren und Kritikern hin. Doch zweifelsohne bemühen sich Petty et al. darum, sachliche Argumente vorzubringen, um das ELM gegen die Kritik in Schutz zu nehmen. Diese ausführliche Antwort auf die drei oben beschriebenen Aufsätze soll hier nicht im Detail wiedergegeben werden. Die Argumentationsstrategie läuft jedoch vielfach darauf hinaus, den Kritikerinnen und Kritikern vorzuwerfen, sie würden Annahmen des ELM entweder falsch oder in verkürzter Form wiedergeben, um sie dann als unlogisch oder empirisch widerlegt zu brandmarken. Entsprechend ist von ‚misconceptions‘ der Kritikerinnen und Kritiker und notwendigen ‚corrections‘ seitens der Modellautoren die Rede. Tatsächlich erweist sich das ELM mit seiner Berücksichtigung vieler verschiedener Faktoren und der Möglichkeit, diesen Faktoren unterschiedliche Bedeutungen im Persuasionsprozess zuzuweisen (Petty & Cacioppo, 1986b, S. 182ff. – diese „complicating factors" sind hier im Lehrbuch jedoch bewusst ausgespart worden) als bemerkenswert flexibel. So können Petty et al. viele schlagkräftige Antworten auf die vorgebrachte Kritik formulieren. Doch birgt diese Strategie des ‚Wir haben an alles gedacht‘ wie bereits oben erwähnt die Gefahr, dass das Modell allumfassend wird. Dann könnte jedes denkbare empirische Ergebnis mit dem Modell erklärt werden. So würde das Modell ‚immunisiert‘: Es könnte durch empirische Daten nicht mehr widerlegt werden, weil es immer eine ‚passende Erklärung‘ geben würde. Zwar gehen die Anmerkungen von Petty et al. (1993) nicht sehr weit in diese Richtung. Gleichwohl ist es bemerkenswert, dass die Urheber des ELM kein einziges Mal in ihrer Antwort ihren Kritikerinnen und Kritikern auch nur einen Schritt entgegenkommen und beispielsweise zugestehen würden, dass einzelne theoretische oder methodische Fragen in Zukunft noch genauer beleuchtet werden müssten. Mittlerweile wird solche Forschung – stimuliert etwa von den Impulsen der Kruglanski-Gruppe (vgl. Abschnitt 7.2) – längst mit neuem Elan betrieben.

Im Jahr 1999 haben Petty und Wegener erneut Rückschau gehalten, wie sich das ELM in der Persuasionsforschung geschlagen hat. Ihr Fazit ist ein weiteres Mal ausgesprochen positiv, wenngleich sie die Rückschau zum Anlass nehmen, die Postulate des ELM (die sie teil-

Kompromisslose Verteidigung

Keine Änderungen am Kernmodell

weise mit neuen Namen versehen) nicht nur zu erklären, sondern auch ‚Missverständnisse' aufseiten der Kritikerinnen und Kritiker aus vorangegangenen Jahren aufzulösen. Alle sieben Postulate behalten nach Ansicht von Petty und Wegener (1999) ihre Gültigkeit, und die Autoren schlagen vor, die Logik des ELM auch auf andere Bereiche der Sozialpsychologie zu übertragen. Beispielsweise zeigen sie für den Bereich der Eindrucksbildung über andere Personen („impression formation", vgl. Kanning, 1999), dass die dort vorherrschenden Ansätze durchaus stark mit der Logik des ELM (also der Unterscheidung zwischen aufwandsarmer und oberflächlicher Verarbeitung einerseits und aufwandsstarker zentraler Verarbeitung andererseits) überlappen. Insofern hat – in den Augen der Urheber – das ELM bis 1999 (und auch darüber hinaus, vgl. dazu Petty & Briñol, 2012; Petty, Briñol & Priester, 2009) nichts von seiner Erklärungskraft verloren, im Gegenteil. Die Autoren sehen in den (unvermeidlichen) Kritikpunkten anderer Wissenschaftlerinnen und Wissenschaftler keine fundamentalen Probleme und haben die inhaltliche Substanz des Modells bis heute nicht angetastet. Dieses Selbstbewusstsein in Bezug auf das ELM wird im Aufruf, jenseits der Einstellungsbildung weitere Bereiche der Sozialpsychologie mithilfe des ELM ‚aufzurollen', besonders deutlich (Petty & Wegener, 1999).

Schlüsselstudien

Aktuelle Studien im Bereich der Persuasion und Werbung greifen denn auch weiterhin das ELM auf und wenden es insbesondere auf Wirkungsfragen bei Neuen Medien an. Liu und Shrum (2009) zeigen beispielsweise, dass interaktive Funktionen auf Firmenwebsites bei niedriger Elaborationsleistung der Nutzerinnen und Nutzer als peripherer Hinweisreiz die persuasive Wirkung der Seite verbessern. Bei starker Elaborationsleistung (hohem Involvement) dagegen wirken interaktive Funktionen nur einstellungsverbessernd bei solchen Personen, die aufgrund ihrer Interneterfahrung in der Lage sind, diese Funktionen auch zielführend zu nutzen; bei wenig erfahrenen, stark elaborierenden Internetnutzerinnen und -nutzern jedoch führen interaktive Website-Funktionen zu einer Verschlechterung der Einstellung. Die Autoren sprechen von einem „dual process model of interactivity effects" (Zwei-Prozess-Modell der Wirkung von Interaktivität) und nehmen ganz eindeutig Bezug auf das ELM.

In einer anderen Studie, die den Nutzen der ELM-Logik für die Online-Forschung demonstriert, verwendete ein taiwanesisches Forschungsteam das ELM für die Untersuchung der Einstellungsbildung von Konsumentinnen und Konsumenten gegenüber Online-Händlern (Yang, Hung, Sung & Farn, 2006). Ihre Befunde decken sich sehr gut mit dem ELM: Involvement erwies sich auch in diesem Setting als wichtige Erklärungsgröße für den Verlauf und das Ergebnis der Einstellungsbildung.

Auch die Forschung zu Social-Media-Marketing stützt sich teilweise auf das ELM und zeigt dabei etwa, dass die Beliebtheit eines Posts in sozialen Netzwerken (d. h. eines Beitrags mit einer hohen Anzahl an „likes" und Kommentaren) sowohl auf der peripheren als auch auf der zentralen Route persuasiv wirken und daher die Intention, Beiträge zu „liken" und zu teilen, sowohl von stark als auch von schwach elaborierenden Nutzerinnen und Nutzer erhöhen kann (Chang, Yu & Lu, 2015). Derartige Erkenntnisse sind vor allem für das Online oder Electronic Word-of-Mouth-Marketing (kurz: eWOM) relevant. Werbetreibende setzen zunehmend gerade in sozialen Netzwerken darauf, ihre Botschaften zum Gesprächsstoff zu machen und durch die Mitglieder sozialer Netzwerke selbstständig weitertragen zu lassen (Siegert & Brecheis, 2017). Wie diese Beispiele zeigen, birgt das ELM auch in Zeiten sich rasant ändernder Medienlandschaften das Potenzial, werbliche und persuasive Wirkungen theoretisch zu verstehen und in der Praxis vorauszuplanen.

7. Alternative Ansätze

Auch wenn das ELM zweifelsohne ein besonders prominentes Modell der Persuasionsforschung ist, war und ist es natürlich nicht der einzige theoretische Rahmen, der in der Wissenschaft entwickelt und angewendet worden ist. Weil sich so viele Forscherinnen und Forscher mit der Thematik der Persuasion (im Allgemeinen oder mit Blick auf Massenmedien im Speziellen) befassen, gibt es auch zahlreiche theoretische Überlegungen und mehr oder weniger gut untersuchte Modelle, die zum Teil mit dem ELM übereinstimmen, zum Teil aber auch ganz anders aussehen. Zwei dieser alternativen Ansätze – wiederum besonders prominente Modelle – sollen hier hervorgehoben werden, weil sich dadurch der Blick für die Besonderheiten des ELM einerseits und für die Denkrichtungen in der Persuasionsforschung andererseits schärfen lässt. Es handelt sich um das heuristisch-systematische Modell (HSM) der Informationsverarbeitung von Shelly Chaiken und das sogenannte Unimodell von Arie Kruglanski.

7.1. Das heuristisch-systematische Modell der Informationsverarbeitung (HSM)

Der wohl prominenteste ‚Konkurrent‘ des ELM bei der Beschreibung und Erklärung menschlicher Einstellungsprozesse ist das Heuristisch-systematische Modell der Informationsverarbeitung (kurz: HSM), das von Shelly Chaiken und ihren Kollegen entwickelt und getestet wurde (Chaiken, Liberman & Eagly, 1989). Wie das ELM auch ist das HSM ein sogenanntes Zwei-Prozess-Modell; es geht also ebenfalls von zwei unterschiedlichen Arten der Informationsverarbeitung gegenüber persuasiven Botschaften aus. Überhaupt weist es zahlreiche Übereinstimmungen mit den Aussagen des ELM auf. Dies gilt bereits für die Grundannahme, dass Menschen nach zutreffenden oder ‚validen‘ Einstellungen streben (vgl. oben: Erstes Postulat des ELM und Chaiken et al., 1989, S. 214).

Ähnlichkeiten zwischen ELM und HSM

Die zentrale Übereinstimmung zwischen den beiden Modellen besteht jedoch darin, dass die beiden Wege der Informationsverarbeitung von persuasiven Botschaften ganz ähnlich beschrieben werden. Chaiken modelliert nämlich erstens eine „systematische" Verarbeitungsweise, die dadurch gekennzeichnet ist, dass die Empfängerin oder der Empfänger der Botschaft die enthaltenen Informationen sehr genau prüft und mit hohem kognitivem Aufwand verarbeitet. Diese intensive Verarbeitung ist grundsätzlich sehr ähnlich zur zentralen Verarbeitungsroute im ELM. Zweitens beinhaltet das HSM eine ‚heuristische‘ Art der Verarbeitung, die durch eine sehr begrenzte Auseinandersetzung mit den Inhalten einer Botschaft geprägt ist und stattdessen von bereits vorhandenen Wissensbeständen und Einstellungen geleitet wird. Diese Verwendung bestehender Wissensbestände bei gleichzeitig nur oberflächlicher Würdigung der eigentlichen Botschaft ist konzeptionell der peripheren Art der Informationsverarbeitung gemäß des ELM sehr ähnlich: „Wir verwenden den Ausdruck ‚heuristischer Hinweisreiz' für jede Eigenschaft, deren Wirkung auf die Urteilsbildung vermutlich durch eine einfache Entscheidungsregel vermittelt wird" (Chaiken et al., 1989, S. 216, Übersetzung durch die Autoren). Solche Wissensbestände können beispielsweise ‚Bauernregeln' oder andere Alltagsweisheiten sein (etwa: „Den Vorschlägen von Expertinnen und Experten kann man vertrauen" oder „Die Vorschläge von netten Menschen sind gut"). So kommt die experimentelle Forschung zum HSM zu sehr ähnlichen Befunden wie die Forschung zum ELM, etwa dahingehend, dass attraktive und (angeblich) kompetente Quellen für die heuristische (≈ periphere) Informationsverarbeitung von großer Bedeutung sind, nicht aber für die systematische (≈ zentrale) Verarbeitung. Auch die Idee eines Kontinuums zwischen eher aufwandsschwacher (heuristischer / peripherer) und aufwandsstarker (systematischer / zentraler) Verarbeitung ist beiden Modellen zu eigen; sowohl Petty und Cacioppo als auch Chaiken nutzen also die Idee zweier verschiedener Prozesse eher als Vereinfachung für die Darstellung ihrer Modelle, die eigentlich ein „Mehr oder Weniger" statt ein „Entweder – Oder" beschreiben (vgl. oben: Zweites Postulat des ELM).

Das HSM ist wie das ELM durch zahlreiche empirische Studien, die ebenfalls in angesehenen Journals veröffentlicht wurden, gestützt. Shelly Chaiken konzentriert sich in ihrer Arbeit jedoch noch stärker als Petty und Cacioppo auf die grundlagenwissenschaftliche Seite; ihre Studien zum HSM sind fast ausschließlich in sozialpsychologischen Spitzen-Zeitschriften erschienen. Dagegen finden sich – anders als beim ELM, das sehr häufig auf praktische Werbefragen bezogen wird – nur wenige Publikationen in den eher anwendungsorientierten Journalen der Werbeforschung. Eine solche Studie konnte zeigen, dass sich heuristisch verarbeitende Rezipientinnen und Rezipienten stark von der Sympathie der Produktmarke leiten ließen, während systematisch verarbeitende Empfängerinnen und Empfänger ihre Einstellung allein von der Beschreibung des beworbenen Produkts – also den Argumenten für das Produkt – abhängig machten (Maheswaren, Mackie & Chaiken, 1992). Auch hier zeigen sich die theoretischen und vor allem empirischen Ähnlichkeiten zwischen HSM und ELM.

Natürlich kommen zwei so komplexe theoretische Modelle nicht zu vollständig identischen Aussagen. Es liegt in der Natur eines wettbewerbsorientierten Wissenschaftssystems (in dem Originalität eine wichtige Rolle für Akademikerinnen und Akademiker spielt), dass die Autorinnen und Autoren auf die (feinen) Unterschiede zwischen ELM und HSM bestehen. Diese Unterschiede sollen auch nicht künstlich herabgewürdigt werden; für Anwendungsfragen der Werbekommunikation sind sie aber in der Tat oftmals nicht von großer Bedeutung. Wer sich jedoch wissenschaftlich intensiver mit Persuasionstheorien befassen möchte, sei auf die detaillierten Diskussionen zum ELM und HSM im Band von Chaiken und Trope (1999) verwiesen.

7.2. Das Unimodell sozialen Urteilens

Nachdem die Zwei-Prozess-Modelle ELM und HSM eine ‚steile Karriere' durchlaufen haben und gewissermaßen zu Platzhirschen im Wald der Persuasionstheorien avancierten, ist in jüngerer Zeit mit dem sogenannten Unimodell eine theoretische Alternative entwickelt worden (Kruglanski & Thompson, 1999; Erb & Kruglanski, 2005; Kruglanski & Gigerenzer, 2011). Die Autoren um Arie Kruglanski verstehen ihre Arbeit explizit als Gegenentwurf zu ELM und HSM, der viele der empirischen Ergebnisse aus der ELM- und HSM-Forschung mithilfe neuer (und einfacherer) Prinzipien erklären kann. Zudem haben sie verschiedene Experimente publiziert, die ganz gezielt Unterschiede zwischen den Annahmen von ELM und HSM einerseits und des Unimodells andererseits aufgegriffen haben. Diese Experimente haben Befunde hervorgebracht, die in erheblichem Widerspruch zu den Vorhersagen der Zwei-Prozess-Modelle stehen und zugleich die Annahmen des Unimodells stützen. Insofern ist das Unimodell eine ernsthafte Konkurrenz, die vielleicht nicht die wissenschaftliche Reputation des ELM untergraben wird, doch immerhin den Weg für notwendige kritische Prüfungen und vor allem Weiterentwicklungen weist.

Keine Trennung von Argument und Hinweisreiz

Das Unimodell trägt seinen Namen, weil es gerade nicht wie ELM und HSM von zwei Routen der Informationsverarbeitung von persuasiven Botschaften ausgeht. Die wichtige Grundannahme des ELM, dass in Abhängigkeit von der Route der Verarbeitung unterschiedliche Aspekte einer Botschaft – Argumente bei zentraler Verarbeitung, Hinweisreize bei peripherer Verarbeitung – die Einstellungsbildung dominieren, lehnen Kruglanski und seine Mitstreiter kategorisch ab. Das Unimodell geht vielmehr davon aus, dass Empfängerinnen und Empfänger persuasiver Botschaften jeden denkbaren Aspekt einer Botschaft als Grund dafür oder dagegen heranziehen können, ihre Einstellung im Sinne der Kommunikatorin oder des Kommunikators zu ändern. Explizit bezeichnet das Unimodell die wichtige Unterscheidung des ELM zwischen

Argumenten und Hinweisreizen als überflüssig: „Kurz gesagt, kann potenziell jede beliebige Information Evidenz zur Bildung eines Urteils darstellen" (Erb & Kruglanski, 2005, S. 119). Daher versteht das Unimodell Argumente und Hinweisreize als ‚funktional äquivalent' – sie können nach dieser Konzeption genau den gleichen Einstellungsprozess bedingen, das heißt auch in gleichem Maße sehr stabile und widerstandsfähige Einstellungsänderungen herbeiführen. Genau das aber sehen die Zwei-Prozess-Modelle nur für Argumente vor, die von den Empfängerinnen und Empfängern noch dazu intensiv elaboriert werden müssen.

Die Prozesslogik des Unimodells geht davon aus, dass Menschen aus empfangenen Botschaften Informationen entnehmen und diese zu ihrem vorhandenen, verfügbaren und abrufbaren Hintergrundwissen in Beziehung setzen. Diese Verknüpfung von aufgenommener Information und abgerufenem Vorwissen führt dann zu einer Schlussfolgerung mit Blick auf die Persuasionsabsicht der Botschaft, also einer mehr oder weniger starken Änderung der betroffenen Einstellung oder der Beibehaltung der bisherigen Einstellung. Das Unimodell weist damit dem vorhandenen Hintergrundwissen die entscheidende Rolle für die Einstellungsbildung zu. Je nachdem, welches Wissen die Empfängerperson mit der Botschaft verknüpft, können unterschiedliche Aspekte der Botschaft urteilsbildende Wirkungen entfalten. Erb und Kruglanski verdeutlichen dieses Zusammenspiel von Aspekten einer Botschaft und Hintergrundwissen an einer erdachten Nahrungsmittelwerbung (Schaubild 10).

Schaubild 10: Beispiel für das Entstehen des gleichen Einstellungsergebnisses durch ein Argument oder einen peripheren Hinweisreiz in Abhängigkeit von hinzugezogenem Hintergrundwissen

	Inhaltliches Argument	Periphere/heuristische Information
Evidenz	Dieses Nahrungsmittel enthält wenig Fett.	Ein Ernährungswissenschaftler empfiehlt dieses Nahrungsmittel als gesund.
Hintergrundwissen	Fettarme Nahrungsmittel sind gesund.	Dem Rat von Ernährungswissenschaftlern kann man vertrauen.
Urteil	Dieses Nahrungsmittel ist gesund.	Dieses Nahrungsmittel ist gesund.

(übernommen von Erb & Kruglanski, 2005, S. 122)

Experimentelle Studien mit Eiscreme-Werbung zeigten, dass Unterschiede im Vorwissen über Eiscreme (nämlich über den Zusammenhang „Sahnegehalt bedingt mehr Kalorien") auch Unterschiede in der Einstellungswirkung einer Anzeige bedingten, die mit einem hohen Sahnegehalt des Produkts argumentierte (vgl. Erb & Kruglanski, 2005): Empfängerinnen und Empfänger der Werbung, denen das Hintergrundwissen, „Sahnegehalt bedingt mehr Kalorien", verfügbar war, bewerteten die Eiscreme schlechter als Personen, denen dieses Wissenselement zuvor nicht so intensiv vor Augen geführt worden war. Dieser Effekt ist schlecht mit den Zwei-Prozess-Modellen ELM und HSM zu verbinden, weil dort das Hintergrundwissen nicht in der gleichen Form wie im Unimodell berücksichtigt wird und weil Hintergrundwissen auf beiden Routen eine Rolle spielt.

Das Unimodell räumt genau wie das ELM dem von der Empfängerin oder dem Empfänger investierten Verarbeitungsaufwand (Elaborationsleistung) eine große Bedeutung für den Verlauf von Persuasionsprozessen ein. Dagegen besteht ein weiterer wichtiger Unterschied darin, dass das Unimodell der zeitlichen Reihenfolge in der Auseinandersetzung mit den Elementen einer persuasiven Botschaft deutlich mehr Bedeutung zumisst als das ELM. Das ELM vergleicht periphere Hinweisreize mit inhaltlichen Argumenten und besagt (zumindest implizit), dass die peripheren Hinweisreize leicht wahrnehmbar sind (z. B. Humor, Erotik in der Werbung), so dass sie auch ohne großen Aufwand und schnell verarbeitet werden. Dagegen seien Argumente nur mit großem kognitivem Aufwand zu verarbeiten.

Ablauf der Verarbeitung als wichtige Größe

Kruglanski und seine Kollegen dagegen weisen darauf hin, dass (1) es auch gute Argumente gibt, die sehr leicht zu verarbeiten sind, dass es (2) auch periphere Hinweisreize gibt, die durchaus Verarbeitungsaufwand erfordern (z. B. feine Ironie, die aber nichts mit einem Produkt zu tun hat), und dass es (3) eine gewichtige Rolle spielt, in welcher Reihenfolge Argumente und/oder Hinweisreize verarbeitet werden. Die „Verarbeitungssequenz" ist nach dem Unimodell insofern von Belang, dass früher verarbeitete Informationen (Argumente oder Hinweisreize) die Verarbeitung nachfolgender Informationen (ebenfalls Argumente oder Hinweisreize) beeinflussen können. Ein Experiment der Gruppe um Arie Kruglanski präsentierte neben einem kurzen inhaltlichen Argument auch eine ausführliche (d.h. viel Verarbeitungsaufwand verlangende) Beschreibung des Kommunikators – diese war jedoch mehrdeutig, enthielt also sowohl Hinweise auf seine Vertrauenswürdigkeit als auch Hinweise darauf, dass der Kommunikator nicht vollständig glaubwürdig sei (vgl. Erb, Pierro, Mannetti, Spiegel & Kruglanski, 2007). Die Verarbeitungsmotivation der Teilnehmerinnen und Teilnehmer wurde durch eine entsprechende Aufgabenstellung hochgehalten. Wenn nun das Argument nach der Beschreibung des Kommunikators präsentiert wurde, ergab sich die Einstellungswirkung der Botschaft allein aus der Güte des Arguments: Ein starkes Argument führte zu positiveren Urteilen (im Sinne der Persuasionsabsicht der Botschaft) als ein schwaches Argument. Wurde jedoch das Argument vor der ausführlichen Beschreibung des Kommunikators gegeben, verzerrte das Argument die Verarbeitung dieser Quellenbeschreibung: War das Argument stark, erschien die Quelle in positivem Licht; war das Argument schwach, wurde die Quelle negativer bewertet. Weiterhin zeigte sich, dass diese durch ein Argument verzerrte Reaktion auf einen peripheren Hinweisreiz (die Quelleninformation) die maßgebliche Evidenz für das Einstellungsurteil war (und nicht etwa das Argument selbst). Diese Studie von Erb, Pierro, Mannetti, Spiegel und Kruglanski (2007) verweist darauf, dass das Zusammenspiel zwischen inhaltlichen Argumenten und peripheren Hinweisreizen komplizierter ist (denn Argumente sind bei hohem Verarbeitungsaufwand keineswegs immer alleine – ohne periphere Hinweisreize – für die Einstellungswirkung verantwortlich), als das ELM annimmt. Insbesondere die zeitliche Reihenfolge, in der die Elemente einer Botschaft verarbeitet werden, kann demnach die Urteilsbildung beeinflussen; diese Dimension ist im ELM nicht zureichend berücksichtigt.

Die Autoren des Unimodells üben sehr präzise und theoretisch gut begründete Kritik am ELM und HSM. Ihre Studien weisen auf offene Fragen und Verbesserungsmöglichkeiten hin, die auch nach den langen Jahren der ELM-Forschung nach wie vor bestehen. Insbesondere warnt das Unimodell uns davor, die Zwei-Prozess-Logik zu reifizieren, also als tatsächlich in der Wirklichkeit vorfindbare, distinkte Routen der Persuasion zu verstehen. Vielmehr ist die Zwei-Prozess-Logik ein Instrument der Modellbildung, mit der wir besser verstehen können, entlang welcher Stellgrößen menschliche Informationsverarbeitung gegenüber persuasiver Kommunikation funktioniert. Außerdem muss man bedenken, dass die sehr fokussierte und präzise Kritik des Unimodells am ELM und HSM nur möglich geworden ist, weil das ELM bereits einen so ausführlichen und systematischen Ansatz zur Beschreibung und Erklärung von Persuasion entwirft – nur auf dieser Grundlage sind mögliche Verbesserungen und Neuent-

Chancen für theoretische Weiterentwicklung

wicklungen wie das Unimodell überhaupt denkbar (Erb & Kruglanski, 2005). Selbst die Bezeichnung „Unimodell" macht nur Sinn, weil die zuvor entwickelten Zwei-Prozess-Modelle eine theoretische Arbeitsgrundlage geschaffen haben, mit der nun eine konzeptionelle Vereinheitlichung (wieder) angestrebt werden kann.

8. Zum Schluss: Sie, das ELM, die Werbung und die Kommunikationswissenschaft der Zukunft

Wie immer am Schluss eines Lehrbuchs sollten Sie innehalten und überlegen, was Sie aus der Lektüre mitnehmen. Können Sie nun die Logik des ELM einer Laiin oder einem Laien aus dem Kopf erklären? Das sollten Sie nicht von sich erwarten. Aber wenn Sie das Modell einer Laiin oder einem Laien erklären können, wenn Sie das Ablaufschema in Abschnitt 2.10 zu Hilfe nehmen, dann haben Sie einiges Wichtiges aus diesem Buch mitgenommen.

Dazu gehören auch einige einfache Weisheiten. Persuasion ist schwierig und kompliziert. Viele Faktoren spielen eine Rolle, die ultimative Formel für die Beeinflussung anderer Menschen gibt es nicht. Auch das ELM hat sie nicht zu bieten. Aber das ELM schafft ein wenig Ordnung unter den vielen Faktoren und Aspekten, die beim Überzeugen und Überreden – auch bei der Werbung in den Massenmedien – von Bedeutung sein können. Welchen direkten Nutzen bietet Ihnen das ELM, mögen Sie sich nun fragen. Sie können versuchen, ihr frisches Wissen über das ELM anzuwenden, wenn Sie wieder einmal im Alltag die Einstellung eines anderen Menschen zu einem bestimmten Objekt beeinflussen wollen. Vielleicht kommen Sie selbst bald in die Situation, ihren Sohn von den Vorzügen des eifrigen Mitmachens in der Schule überzeugen zu wollen oder mögliche Wählerinnen und Wähler dahingehend zu beeinflussen, dass sie Sie in ein politisches Amt (Fachschaft, Vereinsvorstand, Bundestag) wählen mögen. Das ELM kann Ihnen helfen, solche Überzeugungsaufgaben systematisch und mit handfester Planung anzugehen. Insbesondere hilft es Ihnen, zu überlegen, welche persuasionsrelevanten Eigenschaften Ihre Adressatinnen und Adressaten aufweisen – Vorwissen, Interesse, Aufmerksamkeit in der Gesprächssituation, Voreingenommenheit gegenüber dem Einstellungsobjekt (Ihnen zum Beispiel) und so weiter. Nicht für jede denkbare Sachlage wird Ihnen das ELM dann eine Überzeugungsstrategie mit Erfolgsgarantie an die Hand geben, im Gegenteil. Sie werden vor allem mehr darüber herausfinden, was bei Ihrem Persuasionsversuch alles schiefgehen kann. Doch das wiederum wird Ihnen helfen, sich strategisch besser vorzubereiten.

Allerdings kann Ihnen das ELM eine wichtige Aufgabe nicht abnehmen, nämlich die Erarbeitung guter Argumente. Das Problem der Identifikation von guten Argumenten haben wir mehrfach angesprochen – Petty und Cacioppo haben einfach Versuchspersonen gefragt, wie gut sie bestimmte Argumente finden, und einige Kritikerinnen und Kritiker haben den beiden genau diese Vorgehensweise als problematisch angekreidet. Wenn Sie es also auf die zentrale Informationsverarbeitungsroute bei Ihrem Publikum abgesehen haben, werden Sie auch weiterhin selbst überlegen müssen, welche Ihrer Argumente besonders stark sein dürften.

Für die Alltagsanwendung des ELM sollten Sie bedenken, dass das Modell so umfangreich und komplex ist, dass seine Berücksichtigung sich zumeist nur für wichtige Persuasionsziele eignet. Ihren Partner oder Ihre Partnerin umzustimmen, heute statt der Schinken-Pizza die Salami-Pizza in den Einkaufswagen zu legen, gehört sicher nicht zu den Alltagsepisoden, bei denen Sie das ELM zurate ziehen sollten. Wenn Sie dagegen ein Werbekonzept für einen Klienten Ihrer Chefin vorstellen, um sie davon zu überzeugen, Sie als Account Manager zu beauftragen, dürfte sich das ELM als nützlich erweisen.

Nutzen für Werbeforschung und -praxis

Überhaupt sollten Sie den Wert des ELM vornehmlich im Kontext von Kommunikationswissenschaft und -praxis sehen. Wenn Sie sich im Studium mit Persuasionsforschung, beispielsweise der Werbewirkungsforschung, befassen, können und sollten Sie das ELM an zentraler Stelle berücksichtigen. Wenn Sie beispielsweise die Einstellungseffekte neuartiger Werbeformen untersuchen wollen – im Bereich des Internets entstehen neue Formen ja beinahe wöchentlich –, sollten Sie sich auf die ‚alte‘ Persuasionstheorie des ELM besinnen. Liu und Shrum (2009) haben vorgemacht, wie das gehen kann (vgl. Abschnitt 6.2). Das ELM beschreibt theoretische Universalien, also Annahmen, die ihre Gültigkeit auch dann behalten sollen, wenn sich unser Kommunikationsalltag weiterhin radikal verändern sollte. Wie Werbung in zehn Jahren ‚funktionieren‘ wird, wissen wir noch nicht sehr genau. Kommunikationswissenschaft versucht aber, mit den Trends Schritt zu halten und möglichst frühzeitig abzuschätzen, welche Persuasionskraft mit neuen Werbeformen einhergehen könnte. Dabei kann sie darauf vertrauen, dass die Wege zur Bildung und Änderung von Einstellungen keineswegs im gleichen Maße veränderlich sind wie die Medientechnologien. Vielmehr wird es auch in Zukunft auf Elaborationsstärken, Argumentgüte und Hinweisreize ankommen. In der Fortschreibung der empirischen Kommunikationswissenschaft – bei der Untersuchung von künftigen Wahlkämpfen, Spendenaufrufen, Werbemaßnahmen für Autos und Elektronikmärkte und so weiter – kann Ihnen das ELM als theoretische Konstante dienen, die Sie immer wieder zurate ziehen können. Das soll nicht heißen, dass das ELM die alleinige und reine ‚Wahrheit‘ enthielte. Das sehen doch einige Wissenschaftlerinnen und Wissenschaftler deutlich anders (vgl. Abschnitte 6 und 7). Doch gibt es immerhin so viel empirischen

Rückhalt für das ELM, dass es eine kluge theoretische Strategie ist, sich aktuellen Fragen der Persuasionsforschung aus der Perspektive des ELM zu nähern.

Wenn Sie nach oder neben dem Studium in der Kommunikationsbranche arbeiten, wird Ihnen das ELM helfen, eigene Werbestrategien zu planen und die Vorschläge von anderen für Werbestrategien systematisch zu bewerten. Sie werden in Agenturen und Marketingabteilungen oftmals auch Kolleginnen und Kollegen treffen, die Persuasion mit dem berühmten Bauchgefühl planen und ihre Entscheidungen mit ihrer großen Berufserfahrung begründen. Das ELM kann Ihnen hier helfen, nicht ausgesprochene (implizite) Überlegungen systematisch anzugehen und anzusprechen (explizit machen). Zum Beispiel: „Seien wir ehrlich, die Zielgruppe wird über unser Produkt und unsere Werbung doch nicht ernsthaft intensiv nachdenken!" Das soll nicht heißen, dass Sie mit dem ELM gegen das Bauchgefühl Ihrer Kolleginnen und Kollegen argumentieren sollen. Intuition trügt nicht notwendigerweise, im Gegenteil – die psychologische Forschung von Gigerenzer (2008) verweist darauf, dass Bauchgefühl oftmals sehr gute Entscheidungen ermöglicht. Aber heutzutage werden Kommunikationsstrategien in der Regel in Teams erarbeitet und das geht meistens am besten, wenn Sie systematisch und mit einheitlichem Vokabular vorgehen. Das ELM bietet Ihnen eine Sortierhilfe und eine Reihe von empirisch belegten Hinweisen dazu, welche Klippen Ihre Strategie möglicherweise antreffen wird und umschiffen können sollte.

Und sollten Sie in der Praxis die Erfahrung machen, dass das ELM dort als zu kompliziert oder unpraktisch verworfen wird, so dass Sie damit gar nicht arbeiten sollen: Schon die Tatsache, dass Sie das Modell erklären können, wird Ihren (gestressten, wenig elaborierenden) Kolleginnen und Kollegen als peripherer Hinweisreiz dienen, eine positive Einstellung Ihnen gegenüber zu entwickeln. Wie das ELM vorhersagt, würde diese Einstellung noch nicht von Dauer sein – aber es wäre ein Anfang, auf den Sie aufbauen können.

9. Die „Top Ten" Literaturtipps zum ELM

Petty und Cacioppo (1986b)

Dieser Beitrag in den „Advances in Experimental Social Psychology" fasst die Grundzüge des ELM in der Originalsprache der Urheber zusammen und verweist umfangreich auf viele der einzelnen Studien, auf die das Modell gegründet ist. Für eine intensive Beschäftigung mit dem Modell und der darauf bezugnehmenden modernen Persuasionsforschung der wohl beste Ausgangspunkt. Noch etwas ausführlicher ist die Buchfassung, die im gleichen Jahr bei Springer erschienen ist (Petty & Cacioppo, 1986a).

Petty und Wegener (1999)

Das Kapitel ist Teil eines Bandes über Zwei-Prozess-Theorien in der Sozialpsychologie und fasst die jüngere Modellgeschichte des ELM aus Sicht der Urheber zusammen. Dabei wird zum einen die Kritik am Modell aufgearbeitet (vgl. dazu Abschnitt 6 dieses Lehrbuchs), zum anderen bietet der Band einen sehr guten Kontext zur Einordnung des ELM in der Sozialpsychologie, beispielsweise mit Blick auf das ‚Konkurrenzmodell' HSM.

Petty, Briñol und Priester (2009)

Zu den vielfältigen Bezügen des ELM zur Massenkommunikation haben die Urheber des Modells selbst zahlreiche Einzelbeiträge verfasst; dieses Buchkapitel ist in einem explizit medienpsychologisch ausgerichteten Standardwerk erschienen und bietet damit einen guten Einstieg in eine medienorientierte Auseinandersetzung mit dem ELM.

Petty, Cacioppo und Goldman (1981)

Dieser Zeitschriftenbeitrag widmet sich dem Involvement und damit einer wichtigen Einflussgröße der Elaborationswahrscheinlichkeit. Neben der Bedeutung als theoretischem Eckstein für die Modellkonstruktion finden sich hier gute Anschauungsbeispiele für die rigide experimentelle Methodik, mit der die ELM-Urheber ihre Studien angelegt haben.

Cacioppo und Petty (1982)

In diesem Beitrag, der im angesehenen „Journal of Personality and Social Psychology" erschienen ist, erarbeiten die Urheber des ELM eine der zentralen Einflussgrößen für die Elaborationswahrscheinlichkeit, das Denkbedürfnis. Damit schlagen Sie zugleich eine Brücke vom ELM in Richtung der Persönlichkeitspsychologie – und liefern ein gut funktionierendes Messinstrument für das individuelle Denkbedürfnis gleich mit.

Dillard und Shen (2013)

Zwar ist das ELM vermutlich das weitest bekannte Theoriegebäude in der Persuasionsforschung, aber es ist beileibe nicht das einzige. Die grundlegende Persuasionsforschung wird in den USA viel stärker als hierzulande auch in der Kommunikationswissenschaft und Medienpsychologie betrieben; das wird an diesem Standard-Handbuch der modernen Persuasionsforschung sehr schön deutlich. Der Band ist sehr empfehlenswert für alle, die sich grundsätzlich, also breit und tief, mit Persuasion befassen wollen und für die das ELM ergo nur ein Kapitel auf der Agenda darstellt.

Krugman (1965)

Die Dokumentation einer Rede, die Herbert Krugman am 15. Mai 1965 vor der American Association for Public Opinion Research gehalten hat, enthält historisch gesehen einiges Visionäres: Es finden sich nicht nur interessante Vorwegnahmen wichtiger Bausteine des ELM, sondern auch Verweise auf andere heute als sehr wichtig anerkannte psychische Phänomene wie beispielsweise Priming. Der durchaus selbstkritisch vorgetragene Anwendungsbezug zur Fernsehwerbung macht das kurze Papier gerade auch für Kommunikationspraktiker lesenswert.

Petty, Cacioppo und Schumann (1983)

Dieser Zeitschriftenbeitrag aus der Feder der ELM-Urheber stellt beispielhaft die Bezüge des Modells zur Werbekommunikation dar. An der Schnittstelle zwischen Psychologie und Werbepraxis ist der Artikel sowohl theoretisch informativ im Sinne der ELM-Konstruktion als auch praktisch erhellend zur Frage, wie man sich die Funktion des Elaborations-Kontinuums im Werbekontext vorstellen kann.

Erb und Kruglanski (2005)

Dieser Beitrag gehört in die „Top Ten", nicht weil auch ein ELM-kritischer Artikel in den Charts auftauchen soll, sondern weil Kruglanski und seine Ko-Autoren wichtige Perspektiven für die Weiterentwicklung der Persuasionsforschung aufzeigen. Historisch gesehen besteht eine wesentliche Leistung des ELM in der organisierenden Zusammenschau der vielen Faktoren, die am Persuasionsprozess beteiligt sein können; eben an einer neuen Version einer solchen fruchtbaren Theorie-Synthese – die das ELM durchaus konstruktiv aufgreift – arbeiten Kruglanski und seine Kollegen.

Petty und Briñol (2008)

Auch Richard Petty ist seit der „Blütezeit" des ELM in den 1980er-
und 1990er-Jahren nicht untätig gewesen und hat insbesondere seine
Konzeptualisierung von Einstellungen weiterentwickelt. Mit der Aus-
differenzierung des Einstellungskonstrukts gehen notwendigerweise
neue Perspektiven auf Persuasion einher, die in diesem Beitrag nach-
gezeichnet werden. Der Beitrag erläutert damit das Zukunftspotenzi-
al des ELM innerhalb der sozialpsychologischen Forschung und
zeigt, dass das Modell trotz notwendiger Weiterentwicklungen auch
in der dynamisch voranschreitenden Sozialpsychologie keineswegs
als ‚ausgemustert' gelten muss.

Literatur

Allen, M.; Reynolds, R. (1993). The Elaboration Likelihood Model and the sleeper effect: An assessment of attitude change over time. *Communication Theory, 3*(1), 73–82.

Anderson, J. R. (2013). *Kognitive Psychologie* (7. Auflage). Berlin: Springer VS.

Bentele, G. (1998). Vertrauen/Glaubwürdigkeit. In: O. Jarren; U. Sarcinelli; U. Saxer (Hrsg.), *Politische Kommunikation in der demokratischen Gesellschaft* (S. 305–311). Opladen: Westdeutscher Verlag.

Bilandzic, H. (2004). *Synchrone Programmauswahl. Der Einfluss inhaltlicher und formaler Merkmale der Fernsehbotschaft auf die Fernsehnutzung.* München: R. Fischer.

Briñol, P.; Petty, R. E. (2012). The history of attitudes and persuasion research. In: A. Kruglanski; W. Stroebe (Hrsg.), *Handbook of the history of social psychology* (S. 285–320). New York: Psychology Press.

Brosius, H.-B. (1995). *Alltagsrationalität in der Nachrichtenrezeption. Ein Modell der Wahrnehmung und Verarbeitung von Nachrichteninhalten.* Opladen: Westdeutscher Verlag.

Brosius, H.-B. (1998). Politikvermittlung durch Fernsehen. Inhalte und Rezeption von Fernsehnachrichten. In: W. Klingler; G. Roters; O. Zöllner (Hrsg.), *Fernsehforschung in Deutschland. Themen - Akteure - Methoden* (S. 283–301). Baden-Baden: Nomos.

Brosius, H.-B.; Haas, A.; Koschel, F. (2016). *Methoden der empirischen Kommunikationsforschung: eine Einführung* (7. Auflage). Wiesbaden: Springer VS.

Cacioppo, J. T.; Petty, R. E. (1982). The need for cognition. *Journal of Personality and Social Psychology, 42,* 116–131.

Cacioppo, J. T.; Petty, R. E. (1985). Central and peripheral routes to persuasion: The role of message repetition. In: A. Mitchell; L. Alwitt (Hrsg.), *Psychological processes and advertising effects* (S. 91–111). Hillsdale: Erlbaum.

Cárdaba, M. A.; Briñol, P.; Horcajo, J.; Petty, R. E. (2014). Changing prejudiced attitudes by thinking about persuasive messages: Implications for resistance. *Journal of Applied Social Psychology, 44*(5), 343–353.

Carpenter, C. J. (2015). A meta-analysis of the ELM's argument quality x processing type predictions. *Human Communication Research, 41*(4), 501–534.

Chaiken, S.; Eagly, A. H. (1976). Communication modality as a determinant of message persuasiveness and message comprehensibility. *Journal of Personality and Social Psychology, 34,* 605–614.

Chaiken, S.; Trope, Y. (Hrsg.). (1999). *Dual-process models in social psychology.* New York: Guilford Press.

Chaiken, S.; Liberman, A.; Eagly, A. H. (1989). Heuristic and systematic information processing within and beyond the persuasion context. In: J. S. Uleman; J. A. Bargh (Hrsg.), *Unintended thought* (S. 212–252). New York: Guilford Press.

Chang, Y.-T.; Yu, H.; Lu, H.-P. (2015). Persuasive messages, popularity cohesion, and message diffusion in social media marketing. *Journal of Business Research, 68*(4), 777–782.

Christmann, U.; Mischo, C.; Groeben, N. (2000). Components of the evaluation of integrity violations in argumentative discussions: Relevant factors and their relationships. *Journal of Language and Social Psychology, 19,* 315–341.

Craig, C. S.; Sternthal, B.; Leavitt, C. (1976). Advertising wearout: An experimental analysis. *Journal of Marketing Research, 13,* 365–372.

Diaz-Bone, R.; Schubert, K. (1996). *William James zur Einführung.* Hamburg: Junius.

Dillard, J. P.; Shen, L. (Hrsg.). (2013). *The SAGE handbook of persuasion: Developments in theory and practice* (2. Auflage). Thousand Oaks: Sage.

Erb, H.-P.; Kruglanski, A. W. (2005). Persuasion: Ein oder zwei Prozesse? *Zeitschrift für Sozialpsychologie, 36,* 117–132.

Erb, H.-P.; Pierro, A.; Manetti, L.; Spiegel, S.; Kruglanski, A. (2007). Biassed processing of persuasive information: On the functional equivalence of cues and message arguments. *European Journal of Social Psychology, 37,* 1057–1075.

Fisher, J. D.; Fisher, W. A. (1992). Changing AIDS-Risk behavior. *Psychological Bulletin, 111,* 455–474.

Gigerenzer, G. (2008). *Bauchentscheidungen: Die Intelligenz des Unbewussten und die Macht der Intuition.* Berlin: Goldmann.

Green, M. C.; Brock, T. C. (2000). The role of transportation in the persuasiveness of public narratives. *Journal of Personality and Social Psychology, 79*(5), 701–721.

Habermas, J. (1981). *Theorie des kommunikativen Handelns* (in zwei Bänden). Frankfurt: Suhrkamp.

Hallahan, K. (2000). Enhancing motivation, ability, and opportunity to process public relations messages. *Public Relations Review, 26,* 463–480.

Hamilton, M.; Hunter, D.; Boster, F. (1993). The Elaboration Likelihood Model as a theory of attitude formation: A mathematical analysis. *Communication Theory, 3,* 50–65.

Haßler, J. (2017). *Mediatisierung der Klimapolitik. Eine vergleichende Input-Output-Analyse zur Übernahme der Medienlogik durch die Politik.* Wiesbaden: Springer VS.

Heinbach, D.; Ziegele, M.; Quiring, O. (2018). Sleeper effect from below: Long-term effects of source credibility and user comments on the persuasiveness of news articles. *New Media & Society, 20*(12), 4765–4786.

Holbert, R. L.; Garrett, R. K.; Gleason, L. S. (2010). A new era of minimal effects? A response to Bennett and Iyengar. *Journal of Communication, 60*(1), 15–34.

Hovland, C. I.; Janis, I. L.; Kelley, H. H. (1953). *Communication and persuasion: Psychological studies of opinion change.* New Haven, CT: Yale University Press.

Huber, O. (2000). *Das psychologische Experiment. Eine Einführung.* Bern: Huber.

Jackob, N. (2012). Gesehen, gelesen – geglaubt? Warum die Medien nicht die Wirklichkeit abbilden und die Menschen ihnen dennoch vertrauen. München: Olzog.

Kanning, U. P. (1999). *Die Psychologie der Personenbeurteilung.* Göttingen: Hogrefe.

Kloss, I. (2012). *Werbung: Handbuch für Studium und Praxis* (5. Auflage.). München: Vahlen.

Kohring, M.; Matthes, J. (2007). Trust in news media: Development and validation of a multidimensional scale. *Communication Research, 34,* 231–252.

Kopperschmidt, J. (2000). *Argumentationstheorie zur Einführung.* Hamburg: Junius.

Kreuter, M. W.; Wray, R. J. (2003). Tailored and targeted health communication: Strategies for enhancing information relevance. *American Journal of Health Behavior, 27*(1), 227–232.

Kruglanski, A. W.; Gigerenzer, G. (2011). Intuitive and deliberate judgments are based on common principles. *Psychological Review, 118*(1), 97–109.

Kruglanski, A. W.; Thompson, E. P. (1999). Persuasion by a single route: A view from the unimodel. *Psychological Inquiry, 10,* 83–109.

Krugman, H. E. (1965). The impact of television advertising: Learning without involvement. *Public Opinion Quarterly, 29,* 349–356.

LaMarre, H. L. (2016). The Elaboration Likelihood Model in American political campaigns. In: W. L. Benoit (Hrsg.), *Praeger handbook of political campaigning in the United States* (Vol. 2, S. 199–216). Santa Barbara: Praeger.

Lammenett, E. (2019). *Praxiswissen Online-Marketing. Affiliate-, Influencer-, Content- und E-Mail-Marketing, Google Ads, SEO, Social Media, Online- inclusive Facebook-Werbung* (7. Auflage). Wiesbaden: Springer Gabler.

Lampert, C. (2010). Entertainment-Education als Strategie für die Prävention und Gesundheitsförderung. *Public Health Forum,18*(68), 20–22.

Link, E.; Klimmt, C. (2019). Kognitive Verarbeitung von Gesundheitsinformationen. In: C. Rossmann; M. R. Hastall (Hrsg.), *Handbuch der Gesundheitskommunikation* (S. 233–243). Wiesbaden: Springer VS.

Liu, Y.; Shrum, L. J. (2009). A dual process model of interactivity effects. *Journal of Advertising, 38,* 53–68.

Liu, C.-H.; Lee, H.-W.; Huang, P.-S.; Chen, H.-C.; Sommers, S. (2016). Do incompatible arguments cause extensive processing in the evaluation of arguments? The role of congruence between argument compatibility and argument quality. *British Journal of Psychology, 107,* 179–198.

Lustria, M. L. A.; Cortese, J.; Gerend, M. A.; Schmitt, K.; Kung, Y. M.; McLaughlin, C. (2016). A model of tailoring effects: A randomized controlled trial examining the mechanisms of tailoring in a web-based STD screening intervention. *Health Psychology, 35*(11), 1214–1224.

Maheswaran, D.; Mackie, D. M.; Chaiken, S. (1992). Brand name as a heuristic cue: The effects of task importance and expectancy confirmation on consumer judgments. *Journal of Consumer Psychology, 1,* 317–336.

Maurer, M. (2017). *Agenda-Setting* (Reihe Konzepte. Ansätze der Medien- und Kommunikationswissenschaft, Band 1, 2. Auflage). Baden-Baden: Nomos.

McGuire, W. J. (1989). Theoretical foundations of campaigns. In: R. E. Rice; C. K. Atkin (Hrsg.), *Public communication campaigns* (S. 43–65). Newbury Park: Sage.

Mongeau, P. A.; Stiff, J. B. (1993). Specifying causal relationships in the Elaboration Likelihood Model. *Communication Theory, 3,* 65–72.

Müller, D. K. (2008). Kaufkraft kennt keine Altersgrenze. Ein kritischer Beitrag zur Werberelevanz von Alterszielgruppen. *Media Perspektiven, o. Jg.,* 291–298.

Neverla, I.; Taddicken, M.; Lörcher, I.; Hoppe, I. (Hrsg.). (2019). *Klimawandel im Kopf. Studien zur Wirkung, Aneignung und Online-Kommunikation.* Wiesbaden: Springer VS.

O'Keefe, D. J. (2003). Message properties, mediating states, and manipulation checks: Claims, evidence, and data analysis in experimental persuasive message effects research. *Communication Theory, 13,* 251–274.

O'Keefe, D. J. (2012). The argumentative structure of some persuasive appeal variations. In: F. H. van Eemeren; B. Garssen (Hrsg.), *Topic themes in argumentation theory: Twenty exploratory studies* (S. 291–306). New York: Springer.

O'Keefe, D. J. (2016). *Persuasion: Theory and research* (3. Auflage). Thousand Oaks: Sage.

Perloff, R. (2017). *The dynamics of persuasion: Communication and attitudes in the 21st century* (6. Auflage). New York: Routledge.

Peter, J. (2002). Medien-Priming – Grundlagen, Befunde und Forschungstendenzen. *Publizistik, 47,* 21–44.

Petty, R. E.; Briñol, P. (2008). Persuasion: From single to multiple to meta-cognitive processes. *Perspectives on Psychological Science, 3,* 137–147.

Petty, R. E.; Briñol, P. (2012). The Elaboration Likelihood Model. In: P. A. M. Van Lange; A. W. Kruglanski; E. T. Higgins (Hrsg.), *Handbook of theories of social psychology* (Vol. 1, S. 224–245). London: Sage.

Petty, R. E.; Briñol, P. (2015). Processes of social influence through attitude change. In: M. Mikulincer; P. R. Shaver; E. Borgida; J. A. Bargh (Hrsg.), *APA handbook of personality and social psychology* (Vol. 1, S. 509–545). Washington: American Psychological Association.

Petty, R. E.; Briñol, P. (2020). A process approach to influencing attitudes and changing behavior: Revisiting classic findings in persuasion and popular interventions. In: J. P. Forgas; W. D. Crano; K. Fiedler (Hrsg.), Applications of social psychology (S. 82–103). New York: Routledge.

Petty, R. E.; Cacioppo, J. T. (1979a). Effects for forewarning of persuasive intent and involvement on cognitive responses and persuasion. *Personality and Social Psychology Bulletin, 5,* 173–176.

Petty, R. E.; Cacioppo, J. T. (1979b). Issue-involvement and increase or decrease persuasion by enhancing message-relevant cognitive responses. *Journal of Personality and Social Psychology, 37,* 1915–1926.

Petty, R. E.; Cacioppo, J. T. (1984). The effects of involvement on responses to argument quantity and quality: Central and peripheral routes to persuasion. *Journal of Personality and Social Psychology, 46,* 69–81.

Petty, R. E.; Cacioppo, J. T. (1986a). *Communication and persuasion: Central and peripheral routes to attitude change.* New York: Springer.

Petty, R. E.; Cacioppo, J. T. (1986b). The Elaboration Likelihood Model of persuasion. *Advances in Experimental Social Psychology, 19,* 124–205.

Petty, R. E.; Cacioppo, J. T. (1990). Involvement and persuasion: Tradition versus integration. *Psychological Bulletin, 107* (3), 367–374.

Petty, R. E.; Wegener, D. T. (1999). The Elaboration Likelihood Model: Current status and controversies. In: S. Chaiken; Y. Trope (Hrsg.), *Dual-process theories in social psychology* (S. 41–72). New York: Guilford Press.

Petty, R. E.; Barden, J.; Wheeler, S. C. (2009). The Elaboration Likelihood Model of persuasion: Developing health promotions for sustained behavioral change. In: R. J. DiClemente; R. A. Crosby; M. Kegler (Hrsg.), *Emerging theories in health promotion practice and research* (2. Auflage, S. 185–214). San Francisco: Jossey-Bass.

Petty, R. E.; Briñol, P.; Priester, J. R. (2009). Mass media attitude change: Implications of the Elaboration Likelihood Model of persuasion. In: J. Bryant; M. B. Oliver (Hrsg.), *Media effects: Advances in theory and research* (3. Auflage, S. 125–164). New York: Taylor & Francis.

Petty, R. E.; Cacioppo, J. T.; Goldman, R. (1981). Personal involvement as determinant of argument-based persuasion. *Journal of Personality and Social Psychology, 41,* 847–855.

Petty, R. E.; Cacioppo, J. T.; Heesacker, M. (1985). *Persistence of persuasion: A test of the Elaboration Likelihood Model.* Nicht-veröffentlichtes Manuskript, Universität Missouri.

Petty, R. E.; Cacioppo, J. T.; Schumann, D. (1983). Central and peripheral routes to advertising effectiveness: The moderating role of involvement. *Journal of Consumer Research, 10,* 135–146.

Petty, R. E.; Priester, J. R.; Briñol, P. (2002). Mass media attitude change: Implications of the Elaboration Likelihood Model of persuasion. In: D. Zillmann; J. Bryant (Hrsg.), *Media effects: Advances in theory and research* (2. Auflage, S. 155–198). Mahwah: Lawrence Erlbaum Associates.

Petty, R. E.; Wells, G. L.; Brock, T. C. (1976). Distraction can enhance or reduce yielding to propaganda: Thought disruption versus effort justification. *Journal of Personality and Social Psychology, 34,* 874–884.

Petty, R. E.; Wegener, D. T.; Fabrigar, L. R.; Priester, J. R.; Cacioppo, J. T. (1993). Conceptual and methodological issues in the Elaboration Likelihood Model of Persuasion: A reply to the Michigan State critics. *Communication Theory, 3,* 336–362.

Post, S. (2008). *Klimakatastrophe oder Katastrophenklima? Die Berichterstattung über den Klimawandel aus Sicht der Klimaforscher.* München: R. Fischer.

Prochazka, F.; Weber, P.; Schweiger, W. (2018). Effects of civility and reasoning in user comments on perceived journalistic quality. *Journalism Studies, 19*(1), 62–78.

Redondo, I. (2012). The behavioral effects of negative product placements in movies. *Psychology and Marketing, 29*(8), 622–635.

Röhle, T. (2007). „Think of it first as an advertising system": Personalisierte Online-Suche als Datenlieferant des Marketings. *Kommunikation@Gesellschaft, 8,* Beitrag 1 (http://www.soz.uni-frankfurt.de/K.G/B1_2007_Roehle.pdf).

Rossmann, C. (2011). *Theory of Reasoned Action – Theory of Planned Behavior* (Reihe Konzepte. Ansätze der Medien- und Kommunikationswissenschaft, Band 4). Baden-Baden: Nomos.

Salomon, G. (1984). Television is „easy" and print is „tough": The differences in investment of mental effort in learning as function of perceptions and attributions. *Journal of Educational Psychology, 76*, 647–658.

Schierl, T. (2001). *Text und Bild in der Werbung. Bedingungen, Wirkungen und Anwendungen bei Anzeigen und Plakaten.* Köln: Halem.

Schneider, W.; Shiffrin, R. M. (1977). Controlled and automatic human information processing: 1. Detection, search, and attention. *Psychological Review, 84*, 1–66.

Schumann, D.; Petty, R. E.; Clemons, S. (1990). Predicting the effectiveness of different strategies of advertising variation: A test of the repetition-variation hypothesis. *Journal of Consumer Research, 17*, 192–202.

Siddarth, S.; Chattopadhyay, A. (1998). To zap or not to zap: A study of the determinants of channel switching during commercials. *Marketing Science, 17*, 124–138.

Siegert, G.; Brecheis, D. (2017). *Werbung in der Medien- und Informationsgesellschaft. Eine kommunikationswissenschaftliche Einführung* (3. Auflage). Wiesbaden: VS Verlag.

Singhal, A.; Rogers, E. M. (1999). *Entertainment education: A communication strategy for social change.* Mahwah, NJ: Lawrence Erlbaum Associates.

Singhal, A.; Wang, H.; Rogers, E. M. (2013). The rising tide of entertainment-education in communication campaigns. In: R. E. Rice; C. K. Atkins (Hrsg.), *Public Communication Campaigns* (4. Auflage, S. 321–333). Los Angeles: Sage.

Slater, M. D.; Rouner, D. (2002). Entertainment-Education and elaboration likelihood: Understanding the processing of narrative persuasion. *Communication Theory, 12*, 173-191.

Styles, E. A. (2006). *The psychology of attention* (2. Auflage). London: Psychology Press.

Sukalla, F. (2019). *Narrative Persuasion* (Reihe Konzepte. Ansätze der Medien- und Kommunikationswissenschaft, Band 22). Baden-Baden: Nomos.

Teeny, J.; Briñol, P.; Petty, R. E. (2017). The Elaboration Likelihood Model. Understanding consumer attitude change. In: C. V. Jansson-Boyd; M. J. Zawisza (Hrsg.), Routledge international handbook of consumer psychology (S. 390–410). Abington: Routledge.

Underwood, G. (Hrsg.). (1993). *The psychology of attention.* Aldershot: Elgar.

Yang, S.-C.; Hung, W.-C.; Sung, K.; Farn, C.-K. (2006). Investigating initial trust toward e-tailers from the Elaboration Likelihood Model perspective. *Psychology & Marketing, 23,* 429–445.

Zhao, X.; Strasser, A.; Cappella, J. N.; Lerman, C.; Fishbein, M. (2011). A measure of perceived argument strength: Reliability and validity. *Communication Methods and Measures, 5,* 48–75.

Bildnachweis

- Porträt Richard E. Petty: mit freundlicher Genehmigung von Richard E. Petty

Bisher in der Reihe erschienene Bände

Band 1: Agenda-Setting
Von Marcus Maurer, 2., aktualisierte Auflage, 2017, 110 S., brosch., 19,90 €,
ISBN 978-3-8487-4022-2

Band 2: Nachrichtenwerttheorie
Von Michaela Maier, Joachim Retzbach, Isabella Glogge, Karin Stengel, 2., aktualisierte Auflage, 2018, 174 S., brosch., 21,90 €,
ISBN 978-3-8487-4234-9

Band 3: Parasoziale Interaktion und Beziehungen
Von Tilo Hartmann, 2., aktualisierte Auflage, 2017, 130 S., brosch., 21,90 €,
ISBN 978-3-8487-4264-6

Band 4: Theory of Reasoned Action - Theory of Planned Behavior
Von Constanze Rossmann, 2011, 135 S., brosch., 19,90 €,
ISBN 978-3-8329-4249-6

Band 5: Das Elaboration-Likelihood-Modell
Von Christoph Klimmt und Magdalena Rosset, 2., aktualisierte Auflage, 2020, 124 S., brosch., 21,90 €,
ISBN 978-3-8487-6031-2

Band 6: Diffusionstheorien
Von Veronika Karnowski, 2., aktualisierte Auflage, 2017, 113 S., brosch., 20,90 €,
ISBN 978-3-8487-2249-5

Band 7: Schweigespirale
Von Thomas Roessing, 2. Auflage, 2019, 112 S., brosch., 21,90 €,
ISBN 978-3-8487-4868-6

Band 8: Third-Person-Effect
Von Marco Dohle, 2., aktualisierte Auflage, 2017, 122 S., brosch., 21,90 €,
ISBN 978-3-8487-4590-6

Band 9: Domestizierung
Von Maren Hartmann 2013, 173 S., brosch., 19,90 €,
ISBN 978-3-8329-4279-3

Band 10: Framing
Von Jörg Matthes, 2014, 105 S., brosch., 19,90 €,
ISBN 978-3-8329-5966-1

Band 11: Determination, Intereffikation, Medialisierung
Theorien zur Beziehung zwischen PR und Journalismus
Von Wolfgang Schweiger, 2013, 145 S., brosch., 19,90 €,
ISBN 978-3-8329-6935-6

Band 12: Wissenskluft und Digital Divide
Von Nicole Zillien und Maren Haufs-Brusberg, 2014, 121 S.,
brosch., 19,90 €,
ISBN 978-3-8329-7857-0

Band 13: Fallbeispieleffekte
Von Benjamin Krämer, 2015, 134 S., brosch., 19,90 €,
ISBN 978-3-8487-0599-3

Band 14: Priming
Von Bertram Scheufele, 2016, 104 S., brosch., 19,90 €,
ISBN 978-3-8487-2217-4

Band 15: Involvement und Presence
Von Matthias Hofer, 2016, 123 S., brosch., 19,90 €,
ISBN 978-3-8487-1508-4

Band 16: Gatekeeping
Von Ines Engelmann, 2016, 126 S., brosch., 19,90 €,
ISBN 978-3-8487-1349-3

Band 17: Konsistenztheorien & Selective Exposure
Von Arne Freya Zillich, 2019, 122 S., brosch., 19,90 €,
ISBN 978-3-8487-3072-8

Band 18: Medialisierung und Mediatisierung
Von Thomas Birkner, 2., aktualisierte Auflage, 2019, 132 S.,
brosch., 21,90 €
ISBN 978-3-8487-5884-5

Band 19: Meinungsführer und der Flow of Communication
Von Stephanie Geise, 2017, 180 S., brosch., 24,90 €
ISBN 978-3-8487-3229-6

Band 20: Wirkungstheorien der Medien-und-Gewaltforschung
Von Astrid Zipfel, 2019, 220 S., brosch., 26,90 €
ISBN 978-3-8487-4181-6

Band 21: Kultivierungsforschung
Von Christine E. Meltzer, 2019, 112 S., brosch., 19,90 €
ISBN 978-3-8487-4839-6

Band 22: Narrative Persuasion
Von Freya Sukalla, 2019, 146 S., brosch., 21,90€
ISBN 978-3-8487-4146-5